ANECDOTES

INTÉRESSANTES.

TOME SECOND.

ANECDOTES
INTÉRESSANTES.

PAR MADEMOISELLE P**

TOME SECOND.

A AMSTERDAM,

Et se trouve A PARIS,

Chez PILLOT, Libraire, rue S. Jacques,
à la Providence.

M. DCC. LXX.

ANECDOTES

INTÉRESSANTES.

LE TRIOMPHE
de l'Amour Conjugal.

TROISIÉME ANECDOTE.

L'AGE de vingt-deux ans le Vicomte de Châ-teau-Haut perdit ſes pere & mere. Leur mort arrivée dans une même année, le ren-dit maître d'une grande for-tune. Il en attendoit une en-core plus grande du Marquis

& de la Marquife du même nom, fes oncle & tante. Par une double aillance, il fe trouvoit neveu des deux. Son pere étoit frere du Marquis ; fa mere étoit fœur de la Marquife. Ces deux couples, plus unis par le cœur que par le fang, avoient toujours voulu occuper un même hôtel. Après la mort des pere & mere du Vicomte, le Marquis & la Marquife exigèrent qu'il occupât leur appartement, dans l'efpérance qu'il ne tarderoit pas à prendre une compagne.

Le Vicomte fut un tréfor précieux pour fes oncle & tante; qui n'avoient jamais pu élever d'enfant. L'amour qu'ils eurent pour lui alla jufqu'à l'aveuglement ; ils n'appercevoient en lui aucun défaut ; ſes bonnes qualités ſeules fixoient leur attention. Il en avoit. Des vertus perçoient au travers les bouillons de ſa jeuneſſe. Une taille avantageuſe, une figure noble, des manières aiſées, un eſprit vif, enjoué, l'ame grande, le cœur bon & tendre ; tout cela frappoit leurs yeux, & le rendoit leur idole. Il menoit la vie la plus licencieuſe ſans qu'ils y priſſent garde. Il y avoit deux ans qu'il avoit une Maîtreſſe, qu'ils l'ignoroient encore.

Quand il eut atteint l'âge de vingt-cinq ans, ils lui parlèrent de mariage, & lui trouvèrent de l'oppoſition à cet état. Ils

lui en marquèrent leur surprise,
& voulurent pénétrer ses raisons. Ils le trouvèrent si bou-
tonné, qu'ils commencèrent à
juger mal de sa conduite, &
prenant la résolution de l'exa-
miner de près, ils feignirent de
ne s'en pas occuper.

Ils ne furent pas long-tems
sans apprendre que leur neveu
étoit attaché à une fille du plus
bas ordre pour la naissance, &
la plus à craindre pour le caractère. Elle étoit insinuante,
& ne visoit pas à moins que de
forcer le Vicomte à l'épouser.
Cette découverte fit trembler
le Marquis & la Marquise. Ils
en parlèrent au Vicomte qui
leur déclara résolument que son

intention étoit d'en faire ſa femme. Son air décidé les indigna
ſi fort que dans le moment ils
lui tournèrent le dos, en l'aſſurant que le mari d'une telle
femme ne ſeroit jamais leur héritier, & qu'ils renonçoient un
neveu ſi bas pour le cœur &
pour les ſentimens. Peu accou-
tumé à ce ton bruſque, le
Vicomte rougit, trembla, &
ſuivit ſes parens de piéce en piéce, en balbutiant des raiſons
auſſi foibles qu'erronnées. Le
Marquis & la Marquiſe ne lui
répondirent qu'en lui ordon-
nant de ſortir & de ne jamais
reparoître devant eux. La colère de ceux qui nous chériſ-
ſent & que nous aimons, nous

paroît terrible. Le Vicomte fut accablé du ton & des regards de fon oncle & de fa tante; il tomba fur le parquet fans connoiffance. Quoique touchés de fon état, le Marquis & la Marquife fe retirèrent, & laiffèrent à leurs gens le foin de le fecourir. La fenfibilité qu'ils avoient remarquée dans leur neveu les détermina à ne rien rabattre de leur fermeté. Ils virent avec plaifir que fon cœur étoit bon, qu'il les aimoit, & qu'il plieroit à leurs volontés.

Quand le Vicomte ouvrit les yeux & qu'il fe vit abandonné de fon oncle & de fa tante, il fondit en larmes. Alors; courant où ils étoient, il fe jetta à

leurs pieds ; & d'une voix entre-
coupée de fanglots, il ne dit
que ces paroles: *Amour! ami-*
tié! cruels, vous déchirez mon
cœur ! . . . Touchés de fa fituation, le Marquis & la Marquife le firent relever ; mais en
lui difant avec douceur & fermeté, d'aller à fon appartement, réfléchir fur fa conduite
paffée & fur fes devoirs actuels;
& que felon le réfultat de fes
réflexions, il verroit s'il devoit
les venir retrouver, ou s'il devoit les fuir. En difant cela, ils
le conduifoient doucement dehors, & ils fermèrent la porte
fur lui.

Cette dureté apparente étoit
une véritable tendreffe. Ils ché-

riſſoient leur neveu , & ils crai-
gnoient , de ſa part, nne ſotiſe
qui les forçât de le haïr.

Quand le Vicomte ſe vit
hors de l'appartement de ſes
parens, il s'en fut dans le ſien.
Là ſon eſprit flotta entre ſon
penchant & ſon devoir. L'a-
mour & la raiſon livrèrent à ſon
cœur un combat rude & opi-
niâtre : enfin , l'amour céda ,
avec eſpoir de reprendre un jour
le deſſus. Il écrivit à ſa Maîtreſſe, que ſes parens avoient
découvert ſon attachement
pour elle ; qu'ils avoient deviné ſes intentions ; qu'il n'a-
voit point rougi de les avouer ;
que cet aveu les avoit révol-
tés ; qu'il n'avoit pas eu la force

de fupporter leur couroux; qu'ils
l'avoient menacé.de le priver
de leur fucceffion ; que quoiqu'elle fût affez confidérable
pour l'obliger de ne les point
irriter, cette menace l'avoit
moins terraffé que celle de lui
retirer une tendreffe avec laquelle il s'étoit familiarifé dès
le berceau, & fans laquelle il
fentoit bien qu'il lui feroit impoffible de vivre ; qu'il voyoit
que leur deffein étoit de lui
donner une femme de leur goût;
qu'il ne pourroit pas leur réfif-
ter, mais qu'il lui promettoit
de la dédommager d'un état
brillant par une fortune plus
brillante encore, & par un
amour, & plus vif & plus con-

ſtant. Il lui ajouta qu'il ne l'iroit voir qu'après qu'elle lui auroit écrit avec douceur, parce que ſon cœur ne pourroit ſupporter de ſa part, ni reproche ni colère.

Le pauvre Vicomte qui aimoit de bonne foi, ignoroit encore que ces filles ſans pudeur ne connoiſſent point l'affection du cœur; que l'amour phyſique ou plutôt la paſſion & l'intérêt ſont le mobile de toutes leurs actions; & que quand elles ne peuvent empaumer un nigaud d'une façon, elles le gagnent d'une autre.

Il en reçut une réponſe satisfaiſante. Elle lui marqua qu'elle ſacrifioit tout à ſon repos; que ſon cœur en ſouffroit; mais que ſon amour même lui impoſoit ſilence. Dupé par cette apparente générofité, il y répondit par la prodigalité ; & par-là, tous furent contens. Le Vicomte alla retrouver ſon oncle & ſa tante, & leur dit qu'il remettoit tous ſes intérêts entre leurs mains ; qu'il ne pouvoit vivre ſans leur amitié, & qu'il étoit prêt à faire ce qu'il leur plairoit d'ordonner. Après avoir répondu à ce diſcours par mille marques d'affection, le Marquis & la Marquiſe lui dirent de ſe tranquillifer pendant quelques femaines, pour travailler à rendre la liberté à ſon cœur; que pendant ce tems-là, ils alloient s'occuper de son bonheur, & lui témoigner combien leur amour pour lui étoit extrême.

Le Marquis & la Marquise pensèrent sérieusement à chercher une femme pour leur neveu. Le choix les embarrassoit. Une femme très-jeune, disoient-ils, n'est pas capable de fixer un homme qui a goûté du libertinage, il lui faut une femme faite & supérieure en mérite. Après avoir promené inutilement leurs idées chez toutes les personnes de leur connoissance, ils se rappellèrent Mademoiselle de Vieux-Port, dont les pere & mere avoient demeuré dans leur voisinage, & dont la réputation avoit frappé

leurs oreilles en même-tems
que fa figure avoit charmé leurs
yeux. Ils s'informèrent de fon
fort, & apprirent que depuis
quatre ans elle avoit perdu &
fon pere & fa mere, & que depuis ce tems-là, elle avoit refufé bien des partis ; qu'elle s'é-
toit retirée dans le Couvent où
elle avoit été élevée, & que là
elle menoit un train confor-
me à fa fortune & à fa condition.

D'apprendre qu'elle étoit libre fut pour eux une fatisfaction ; mais elle fut troublée par
l'apparence de fon goût pour
le célibat cependant, ils trou-
voient étrange qu'une perfonne
fi digne de plaire & fi capable

de briller dans un grand monde, se fût condamnée à une retraite perpétuelle. Ils prirent donc la résolution de tenter fortune auprès d'elle, & se servirent pour cela d'une Dame qui lui étoit tout - à - fait inconnue. A la premiere ouverture que cette Dame lui fit, elle l'interrompit, en lui demandant en grace, de ne lui point parler de mariage; mais en même-tems, elle proposa à sa place une Demoiselle de son âge, qu'elle aimoit, dont elle fit l'éloge, & qui étoit pensionnaire dans le même Couvent. Après des pourparler de part & d'autre, l'amie accepta & fut acceptée. Jusqu'à ce moment le Vicomte n'a-

voit point encore été nommé.
Quand Mademoiselle de Vieux-
Port, qui étoit reſtée dans la
compagnie, entendit prononcer le nom du *Vicomte de Châ-
teau-Haut*, elle pâlit, & perdit
connoiſſance. Après avoir re-
pris ſes ſens, elle rougit & quitta le parloir avec précipitation.
Son amie la ſuivit & lui arra-
cha ſon ſecret. Depuis pluſieurs
années le Vicomte régnoit ſur
ſon cœur; & c'étoit pour l'a-
mour de lui qu'elle refuſoit tous
ceux qui ſe préſentoient. Son
amie ne l'eût pas plutôt entendue qu'elle retourna au parloir dire qu'elle renonçoit au
Vicomte, en faveur de ſon
amie, qui ne l'avoit remercié

que parce qu'elle ignoroit que ce fût lui.

Quand le Marquis & la Marquise apprirent tout ce qui s'étoit passé, ils s'en félicitèrent, & se hâtèrent d'aller témoigner leur joie à Mademoiselle des Quinconges, qui leur dit, que s'ils avoient pris la peine de se présenter eux-mêmes, ils lui auroient fait éviter une imprudence, parce qu'elle avoit l'honneur de les connoître.

Le Marquis & la Marquise en apprenant à leur neveu qui étoit celle qu'ils alloient lui donner pour épouse, ne manquèrent pas de lui dire combien son cœur lui étoit favorable. Il s'en réjouit, non comme un

homme

homme qui veut rendre amour pour amour; mais dans la persuafion qu'une femme qui aime fon mari eft plus difpofée à fupporter fes égaremens.

Il vit Mademoifelle des Quinconges · elle avoit vingt - un ans. Quoiqu elle le connût, il ne la connoiffoit pas. Sa beauté, fes graces le frappèrent; fon efprit le charma. Il fut le premier à hâter fon mariage. Quand il fut fait, il fe trouva heureux. Tous les jours il remarquoit dans fon époufe quelque nouvelle qualité. Son refpect pour elle augmentoit à tous momens, & fon amour à proportion. Sa préfence avoit pour lui tant d'attrait, qu'il ne

la quittoit presque pas : enfin,
il trouva mille charmes dans ses
devoirs & abandonna sa Maîtresse.

La premiere année se passa
ainsi. Jamais couple n'avoit pa-
ru mieux assorti & plus content.
La naissance d'un fils sembla
mettre le comble à leur félicité.
Le Marquis & la Marquise voulurent avoir ce premier fruit de
leur mariage. Ce fut un enfant
chéri qu'ils firent nourrir sous
leurs yeux, & dont ils voulurent être maîtres, en promet-
tant au Vicomte & à la Vicomtesse de leur laisser la jouissan-
ce de ceux qui viendroient
après. Cette tendresse marquée
leur devint fatale à tous : leur re-

pos en fut troublé & leur bonheur preſque anéanti. Le Vicomte n'avoit plus à craindre
leur haine, encore moins la privation de leur ſucceſſion. Le
hazard lui fit rencontrer ſa Maîtreſſe. Elle lui fit ſucceſſive-
ment des reproches & des careſſes, & elle finit par le renga-
ger dans ſes filets.

La Vicomteſſe ne fut pas
long-tems à s'appercevoir de
ſon malheur. Des froideurs de
ſon mari, jointes à des abſen-
ces longues, commencèrent à
lui donner de l'inquiétude. Elle
s'en ouvrit à une Demoiſelle de
confiance qu'elle avoit avec elle. Comme cette Demoiſelle
va jouer un rôle dans le reſte de

cette hiſtoire, il eſt néceſſaire que j'en diſe deux mots.

Cette Demoiſelle s'appelloît *Mademoiſelle de Sainte-Marie.* Elle étoit fille de condition & avoit peu de bien. Elle avoit gagné l'amitié de la mere de la Vicomteſſe, par la beauté de ſon eſprit & l'excellence de ſon caractère. Il y avoit bien des années qu'elle demeuroit avec cette Dame lorſqu'elle mourut. Elle avoit vu naître & élever la Vicomteſſe, qui à l'âge de dix-ſept ans, ſe voyant ſans pere & mere, la pria de la ſuivre au Couvent, & de ne la point abandonner. Lors de ſon mariage elle eut ſoin de dire au Vicomte, en la lui pre-

ſentant, que cette Demoiſelle
avoit été l'intime amie de ſa
mere, qu'elle étoit la ſienne ;
qu'elle avoit toujours eu une
place à ſa table comme dans
ſon cœur, & qu'elle demandoit
que les choſes continuaſſent
ſur le même pied. Cette Demoiſelle paſſoit l'âge de qua-
rante ans, & la Vicomteſſe avoit
pour elle un reſpect de fille &
une confiance de ſœur.

Auſſi-tôt qu'elle eut ſoup-
çonné la conduite de ſon mari,
elle ſe jetta dans les bras de
cette amie. Mon bonheur va
ceſſer, lui dit-elle, en baignant
ſon viſage de larmes ; mon mari ſe réfroidit pour moi ; il m'a-
bandonnera, & je ſerai la plus

malheureufe des femmes. Là ,
les fanglots étouffèrent fa voix ;
& Mademoifelle de Sainte-
Marie qui s'étoit déjà apperçue du changement du Vicomte , ne la confola qu'en lui difant qu'il falloit vaincre fa fenfibilité, s'armer de patience &
de courage , & efpérer que
l'eftime que fon mari avoit pour
elle, le lui rameneroit un jour.
Par fes confeils elle la difpofa
infenfiblement à fupporter les
coups qui la menaçoient. Le
Vicomte , en moins de fix mois,
en vint à l'abandonner entièrement. Il ne paroiffoit plus chez
lui que pour en impofer à fon
oncle & à fa tante. La Vicomteffe, par le confeil de Made-

moiselle de Sainte-Marie, les laissoit ignorer sa disgrace, & les égaremens de son mari. Le Vicomte qui admiroit la discrétion de son épouse, l'en remercioit souvent, en lui disant que par-là, elle s'assuroit le retour de son cœur. Cet espoir la soutenoit, ainsi que les conseils de son amie, qui ne cessoit de lui dire que ce ne seroit que par la patience & la douceur qu'elle regagneroit le cœur de cet époux qu'elle chérissoit; & que si elle laissoit échapper le moindre trait d'humeur, elle l'aigriroit & l'éloigneroit d'elle pour toujours.

Comme depuis sa disgrace, la Vicomtesse voyoit peu de

monde , elle paſſoit la plus
grande partie du jour chez le
Marquis & la Marquiſe , ſous
prétexte d y voir ſon fils , &
de s'amuſer quelquefois avec
lui. C'étoit toujours là que le
Vicomte alloit la trouver quand
il vouloit lui faire quelques careſſes ou quelques préſens. Il lui
en faiſoit de tems en tems ;
mais c'étoit ſeulement pour l'a-
muſer & pour mieux tromper
ſes parens. Il lui donna un jour
une aigrette de diamants de la
plus grande beauté. La Marquiſe , après l'avoir admirée,
ſe jetta au cou de ſon neveu,
en lui diſant avec tranſport,
qu'elle l'adoroit au fond de
ſon cœur, pour l'amour qu'il
portoi

portoit à fa femme : & elle lui ajouta, qu'il devoit auſſi la bien aimer, puiſque c'étoit elle qui lui avoit donné une épouſe ſi parfaite, & ſi digne d'être aimée. Mademoiſelle de Sainte-Marie qui étoit préſente, prit la parole, & dit qu'elle penſoit bien que Monſieur le Vicomte ſentoit ſon bonheur, & de quel prix étoit ſon tréſor. Le Vicomte rougit, & jettant ſur elle des yeux qui lui demandoient grace, il lui répondit : « Je le ſens, Mademoiſelle, » mon bonheur ; je ſçais que je » ſuis heureux, non-ſeulement » d'avoir une femme de méri- » te, mais encore d'avoir une » amie telle que vous ». Et dans le moment il alla auprès de sa femme, & lui donna un baiser. La Vicomtesse, en le recevant, lui dit tout bas, que son baiser, tout froid qu'il étoit, lui étoit infiniment plus cher que ses présens, & qu'il devoit juger par-là combien son amour lui seroit précieux. Ce peu de paroles le troubla. Mais pour se remettre, il prétexta un moment après, un rendez - vous avec un ami; & il sortit pour aller chez sa Maîtresse.

Par les conseils de son amie, la Vicomtesse supporta ses peines pendant deux ans avec assez de fermeté. Au bout de ce tems, elle ne fut plus maîtresse d'elle-même. L'indifférence de

ſon époux irrita ſon amour, &
elle ne fit plus que pleurer, gémir & ſoupirer. Mademoiſelle
de Sainte-Marie étoit très-ſenſible à ſon état ; mais elle ne
ſçavoit comment la conſoler,
parce qu'elle-même commençoit à déſeſpérer du retour du
Vicomte. Une indifférence ſi
ſoutenue contre une épouſe ſi
vertueuſe & ſi aimable, lui dé-
notoit un homme ſans ame &
ſans ſentimens.

La Demoiſelle que la Vicomteſſe avoit voulu donner au Vicomte, à ſa place, étoit mariée
depuis quelque tems à un Préſi-
dent à Mortier. La Vicomteſſe
qui la voyoit quelquefois, lui
avoit toujours caché ſes peines.

Cette Dame lui fit un jour une visite. La Vicomtesse étoit dans un de ces momens de dépit où le cœur se révolte contre la raison. La tristesse qui étoit peinte sur son visage, excita la Présidente à lui en demander le sujet. La présence de Mademoiselle de Sainte-Marie sçavoit mettre un frein à sa langue. Elle étoit absente. La Vicomtesse lâcha la bonde à ses larmes & raconta sa disgrace à son amie, qui, comme la plupart des jeunes femmes, encore sans expérience, se moçqua de sa patience & de sa douceur, l'excita à faire tapage, & enfin lui donna des avis contre ses devoirs.

A ſon retour Mademoiſelle de Sainte-Marie apprit ce qui s'étoit paſſé. La Vicomteſſe qui n'avoit rien de caché pour elle, lui en fit elle-même le détail ; & lui dit entr'autres choſes, qu'elle voudroit feindre de l'amour pour quelqu'un, afin de donner de la jalouſie à ſon mari ; qu'elle eſpéroit par-là, regagner ſa tendreſſe, ſans laquelle, diſoit-elle, elle ſentoit bien qu'elle ne pouvoit plus vivre. « Gardez-vous-en bien, lui dit Mademoiſelle de Sainte-Marie, avec douceur & avec fermeté. « Perdez le cœur de » votre mari, s'il le faut ; mais » conſervez toujours ſon eſtime. » Eh ! que deviendriez-vous, ſi

C iij

» vous alliez faire cette double
» perte? Il n'y auroit plus d'ef-
» poir pour vous; vous feriez
» malheureufe pour la vie ».
Mais, Mademoifelle, lui dit la
Vicomteffe, je n'ai point envie
de renoncer à la vertu, je ne
veux que feindre. . . . Ce font
là, Madame, de mauvaifes fi-
neffes, interrompit Mademoifelle de Sainte-Marie ; quicon-
que peut feindre le vice, eft
capable de le commettre : il
faut tout un, ou tout autre ; ou
être vicieux tout-à-fait, ou fage
aux dépens même du cœur.
Que vous êtes cruelle! lui dit
la Vicomteffe ; on voit bien
que vous ne connoiffez pas l'a-
mour. Si vous voyiez mon cœur,

vous prendriez plus de pitié de
ma ſituation. Je le vois, votre
cœur, Madame, reprit Mademoiſelle de Sainte-Marie ; il
ſouffre, il eſt malade, il eſt même frénétique, & par-là, il eſt
capable de prendre du poiſon
pour des remédes, & c'eſt pour
cela que je veux être ſon Méde-
cin, & le forcer à prendre des
mets qui lui deviendront ſalutaires. Mais comme les Médecins,
continua-t-elle, ont quelquefois de l'indulgence pour leurs
malades, je veux bien les imi-
ter ; je veux bien me prêter à
des épreuves, puiſque vous en
deſirez, pourvu qu'elles n'at-
taquent ni votre vertu, ni votre gloire. Ce que j'ai donc à

vous conseiller, c'est de cesser
de montrer à votre époux cette
tendresse que vous avez pour
lui, & qui vous devient nuisible. S'il a pour vous un reste
d'affection, votre indifférence
le piquera & le forcera de changer de vie pour regagner votre
cœur. Si cette feinte ne vous
réussit pas, je ferai la premiere
alors à vous exciter à une indifférence réelle pour votre pro-
pre repos. « Je céde, dit enfin
» la Vicomtesse, en l'embras-
» sant, puisque je n'ai pas la
» force de soutenir mon état,
» sans risquer à faire bien des
» fautes ; il faut que j'aie la sa-
» gesse de me laisser condui-
» re ».

S'il étoit aiféà Mademoifelle
de Sainte-Marie, de donner
de bons avis, il n'étoit pas au
pouvoir de la Vicomteffe de
les exécuter. Elle voulut feindre de l'indifférence, & elle ne
montra que du dépit, qui ma-
nifeftoit un amour des plus vio-
lens. Le Vicomte le vit, en ba-
dina, continua fon train de vie,
& réduifit prefque fon époufe
au défefpoir. Sur ces entrefai-
tes, la Préfidente fit une vifite
à la Vicomteffe. Elle étoit ac-
compagnée de fon frere, qui
arrivoit de fes voyages. Cette
Dame mit la converfation fur
la trifte fituation de la Vicomteffe. Elle fe plaignit de l'inexé-
cution de fes avis ; elle entre-

prit inutilement d'en démontrer la justesse & la valeur. Mademoiselle de Sainte-Marie opposa ses sentimens. La force de ses argumens l'emporta, & elle demeura victorieuse : cependant, comme la bonté faisoit son caractère, elle fut la premiere, un moment après, à faire exécuter l'épreuve que la Présidente avoit proposée, & que la Vicomtesse desiroit. On entendit une voiture entrer. Mademoiselle de Sainte-Marie mit la tête à la fenêtre, & vit que c'étoit le Vicomte. Alors elle prit la main de la Présidente & la fit entrer avec elle dans un cabinet qui étoit tout proche, en disant à la Vicomtesse que l'occasion se présentant si bien pour éprouver son mari sans exposer sa réputation, elle l'invita à en profiter.

Le Vicomte entra & trouva sa femme tête à tête avec le frere de la Présidente qu'il ne connoissoit pas. Loin de se fâcher, il sourit, & dit à la Vicomtesse, qu'il étoit bien aise de la voir avec un Cavalier aimable; qu'elle faisoit bien de se dissiper, & qu'il y avoit longtems qu'il lui souhaitoit ce goût de mode, qui seul, faisoit la douceur de la vie. La Vicomtesse l'entendant parler ainsi, fit un cri, & dit, en versant un torrent de larmes : *Je suis perdue ! mon mari ne m'aime plus,*

& *ne m'aimera jamais !* . . . . .
En même-tems la Préſidente &
Mademoiſelle de Sainte-Marie ſortirent du cabinet. Leur
préſence acheva de troubler le
Vicomte, qui l'étoit déjà beaucoup des pleurs de ſon épouſe ;
& ne ſe ſentant pas la force de
ſupporter les reproches qu'il
méritoit & qu'il craignoit de
ſubir, il ſortit en diſant : *Oh !*
je ne puis ſouffrir les femmes qui
pleurent ; je les fuis. Après avoir
un peu conſolé la Vicomteſſe,
la Préſidente & ſon frere s'en
allèrent. Pour le Vicomte il
s'en fut chez ſa Maîtreſſe , &
partit avec elle pour la campagne, où il reſta quinze jours.

La Vicomteſſe ayant appris

le départ de ſon mari, & le
tems que devoit durer ſon abſence, ouvrit ſon ame à Mademoiſelle de Sainte-Marie.
Elle la prit en particulier & lui
fit part d'un deſſein qu'elle
avoit formé depuis quelque
tems, en la priant de l'aider à
l'exécuter. « Je vois, lui dit-elle
» en pleurant & en l'embraſſant,
» que j'ai perdu pour toujours
» le cœur de mon mari : il ne
» m'eſt plus poſſible de ſuppor-
» ter ſes dédains ; ſa préſence
» me tue en irritant mon amour.
» Il faut donc que je le fuie, &
» je ne le puis ſans vous ». Voici
mon plan. Puiſqu'il me faut renoncer au ſeul objet que j'aime, & qui ſeul pouvoit faire

ma félicité, je renonce à tout.
Je vais facrifier à Dieu, & mon
cœur & toute ma perfonne ; je
vais le prendre pour époux; en
un mot, je vais entrer dans un
Couvent pour y prendre le voile & y prononcer des vœux,
qui feuls peuvent me redonner le repos & me faire fupporter la vie. Vous fçavez, continua-t-elle, que mon mari a une
tante Abbeffe dans un Couvent
de Province : c'eft entre fes
mains que je veux faire profeffion. Elle ne m'a jamais vue.
Je me préfenterai à elle fous
le fimple nom de ma famille,
qu'elle ne connoit pas, puifqu'avant mon mariage, je n'é-
tois connue que fous celui de

la Terre que mes pere & mere
ont achetée depuis ma naissance. J'échapperai par-là aux recherches que l'on pourra faire
de moi ; car je pense bien que
ma fuite fera du bruit. Et pour
dérouter tout le monde, &
l'Abbesse même, je prendrai
l'état de Converse, & non celui
de Dame du Chœur, qui seul
me conviendroit. . . . . « Sça-
» vez-vous, interrompit Made-
» moiselle de Sainte-Marie, à
» quoi vous vous engagerez, en
» préférant cet état? Aurez-vous
» la force d'en remplir les de-
» voirs ? Vous les connoissez.
» Je vous ai souvent enten-
» du plaindre ces pauvres filles
» de notre Couvent, qui quel-

» quefois étoient accablées fous
» le faix de leurs travaux. Et
» ces mains fi blanches! fi bel-
» les! comment pourront-elles
» toucher la lavette & mille
» chofes plus dégoutantes en-
» core »? Les maux du corps,
reprit la Vicomteffe, ne font
rien en comparaifon de ceux
du cœur. Ayant pû fupporter
les dédains d'un mari que j'a-
dore, je pourrai vaincre toute
forte de délicateffe : d'ailleurs,
ce que j'ai à vous demander,
& que j'efpere que vous m'ac-
corderez ; fervira à adoucir
mon fort. Vous avez peu de
bien, mais vous en avez affez
pour payer une penfion dans
un Couvent de Province. Par-
tez

tez avant moi : allez prendre
un logement dans le Couvent
de la tante de mon mari. Chan-
gez de nom. Parlez de moi
comme d'une fille que vous
avez élevée, qui veut se faire
Religieuse, & n'être que Converse, quoique d'un tempéra-
ment délicat; mais qui par cette
raison, doublera sa dot pour
être dispensée de travaux trop
rudes. Je ferai de l'argent de
mes diamans & de mes bijoux,
assez pour mon nécessaire, &
pour les dépenses que je vous
occasionnerai : mais par prudence, je dois n'être que Converse, pour demeurer plus sûrement inconnue. Je sacrifierai
tout, pourvu que je ne revoie

jamais un mari , que je ne puis hair , mais que je veux oublier. Mademoiſelle de Sainte-Marie qui ſentoit bien que les vœux d'une femme liée à ſon mari ſeroient inutiles, acquieſça à ſa réſolution , & lui promit de la ſeconder , dans l'eſpérance qu'un procédé ſi outré terraſſeroit le cœur du Vicomte, & pourroit le ramener à ſon devoir. Elle ſe donna bien de garde de tirer la Vicomteſſe de ſon erreur ; au contraire, elle la confirma dans ſa réſolution, & en preſſa l'exécution de maniere que l'une & l'autre étoient au Couvent avant le retour du Vicomte.

Mademoiſelle de Sainte-

Marie partit huit jours avant :
elle proposa la Vicomtesse à
l'Abbesse comme une fille d'un
de ses Fermiers, qui n'avoit
plus ni pere ni mere, qu'elle
avoit élevée elle-même, & qui
par cette raison, étoit peu accoutumée à des travaux rudes ;
que cependant, elle ne vouloit
être que Converse ; mais qu'elle
promettoit de dédommager la
maison des services qu'elle ne
pourroit lui rendre , en aug-
mentant sa dot à proportion.
Enfin en faveur de Mademoiselle de Sainte - Marie, dont
l'Abbesse avoit déjà fait son
amie, la Vicomtesse fut acceptée , avec promesse d'être mé-
nagée autant qu'il seroit possible.

La Vicomtesse prit la poste &
partit. Mademoiselle de Sainte-
Marie alla la recevoir dans une
maison particuliere. Là , la
Vicomtesse quitta ses habits &
en prit de paysanne. Malgré ce
déguisement , l'Abbesse , en la
voyant , ne put s'empêcher de
faire une exclamation sur sa
beauté & ses graces , & elle se
sentit tout d'un coup disposée
à avoir pour elle des égards.
Revenons au Vicomte.

Quand il arriva à Paris , il y
avoit déjà trois jours que sa
femme en étoit partie. Le Marquis & la Marquise en avoient
quelqu'inquiétude. Mais l'absence de Mademoiselle de
Sainte-Marie , qui avoit pré-

cédé , & qu'on croyoit à la
campagne , faifoit préfumer que
la Vicomteffe étoit allée la re-
joindre , & qu'on ne tarderoit
pas à les voir arriver l'une &
l'autre. On étoit encore dans
cet efpoir quand le Vicomte
trouva cette lettre de fon époufe qu'elle avoit pris la précaution
de lui écrire avant fon départ.

« Une infortunée , Monfieur ,
» vous écrit pour la dernière
» fois. Je n'ofe prendre le titre
» de votre époufe : ce nom fi
» doux m'eft interdit par vos
» procédés , & j'y renonce moi-
» même volontairement au-
» jourd'hui pour mieux cacher
» ma difgrace. Votre conduite
» incompatible avec ma ten-

» drefſe, me force à prendre
» un parti violent. Je vous fuis.
» Je vous donne une dernière
» preuve de mon amour en
» vous débarraffant d'une fem-
» me qui vous eſt devenue
» odieuſe.

» Ne cherchez point à dé-
» couvrir ma retraite, mes pré-
» cautions rendront vos re-
» cherches vaines. Qu'il vous
» fuffiſe de ſçavoir que je ſerai
» à l'abri de toute inſulte, &
» que la vertu ſera toujours
» ma régle. Adieu. Puiffiez-
» vous changer de conduite
» pour votre bien & celui de
» notre enfant. Puiffiez-vous de-
» venir un jour un modèle de
» vertus pour ce tendre & uni-

» que fruit de notre union fa-
» crée. Adieu encore une fois
» & pour toujours ».

Pendant que le Vicomte li-
foit cette lettre , fon amour
pour fa femme fe réveilloit dans
fon cœur avec plus de force
que jamais. On ne connoît tout
le prix d'un bien qu'on posséde
que quand on l'a perdu. Le
Vicomte fentit fa perte. La
beauté de fon époufe, fes graces, fon efprit vif & folide, fon
humeur douce, fa fermeté &
fa prudence dans les maux qu'il
lui avoit caufés; en un mot,
toutes les perfections de fon
ame, jointes aux charmes de fa
perfonne, la lui repréfentèrent
comme une femme parfaite,

qu'il avoit chassée de sa maison & réduite au désespoir. Le sien alors fut extrême. Une fureur subite s'empara de son ame contre sa Maîtresse ; & sans donner le tems à son Cocher de mettre les chevaux à sa voiture, il courut chez elle. La rage dans le cœur, & le feu dans les yeux, il tira son épée dès qu'il la vit ; & lui mettant la pointe sur l'estomac : *Fuis d'ici, malheureuse, s'écria-t-il. Monstre, qui m'a fait perdre la meilleure des femmes : fuis d'ici, ou je te plonge cette épée dans le sein.* La pâleur du Vicomte, ses yeux étincelans firent trembler cette fille. Elle vit bien qu'il ne respiroit qu'une victime pour assouvir

fouvir fa rage. Elle prit furti-
vement fes diaman s, & fans
ouvrir la bouche, elle tourna
fes pas vers la porte. Le Vicomte l'y conduifit avec la
pointe de fon épée, & en lui
difant: *Que je ne te revoie jamais , infâme! Que la terre s'ouvre fous tes pieds ! Que l'enfer
t'engloutiffe! Que le diable & toute fa troupe te déchire le cœur,
comme les remords déchirent le
mien.*

Quand il ne la vit plus, fa
fureur fe calma un peu. Il s'af-
fit & répandit quelques lármes.
Après quoi il envoya chercher
un Tapiffier, à qui il vendit
tout ce qui fe trouva dans cet

appartement. Il paya le loyer,
& il s'en retourna.

Au lieu d'entrer chez lui, il
entra chez fon oncle & chez
fa tante. La premiere chofe
qu'il y rencontra, ce fut fon
fils, qui étoit dans les bras de
fa gouvernante. En le voyant,
fon cœur fe ferra. Il lui donna
plufieurs baifers. Il entra enfuite dans un falon, où il trouva le Marquis & la Marquife
affis l'un auprès de l'autre fur
un canapé. Il leur mit la lettre de fa femme en main, fe
jetta à leurs pieds, embraffa
leurs genoux, & fans parler &
fans verfer une larme, il pouffa
mille fanglots. Le Marquis, &

la Marquise, après avoir lu la
lettre, témoignèrent à leur neveu, & leur surprise & leur
douleur. Il ouvrit alors la bouche & fit l'aveu de toutes les
fautes qu'il avoit commises
contre son épouse ; mais il le
fit avec un repentir si vif, une
affliction si grande, un cœur si
contrit, qu'ils n'eurent pas la
force de lui faire des reproches.
Ils ne songèrent qu'à le conso-
ler & à prendre des mesures
pour découvrir la retraite de
sa femme. Toutes leurs recherches furent inutiles. Pendant
plus de trois mois, ils eurent
du monde de tous les côtés.
Le Vicomte lui-même fut à
tous les Couvens de Paris &

des environs. Des lettres furent envoyées dans tous ceux de Province. Le feul où elle étoit fut oublié, parce qu'on n'imagina pas qu'une femme qui fuyoit fon mari fût fe cacher dans fa famille. Le Vicomte enfin perdit efpérance, & s'abandonna à la douleur & aux regrets.

Pendant ce tems-là, la Vicomteffe faifoit fon noviciat tranquillement & avec joie. Les libéralités que Mademoifelle de Sainte-Marie faifoit répandre fur toutes les Sœurs Converfes, lui faifoient paffer le tems prefque dans l'inaction: c'étoit à qui la déchargeroit de fes emplois. Elle ne touchoit à

rien de dégoutant ni de rude.
La ſeule choſe à quoi elle ai-
-moit à s'amuſer, & à quoi Mademoiſelle de Sainte-Marie ne
s'oppoſoit pas, parce que cela
ne pouvoit nuire à ſes belles
mains, étoit de paîtrir de pe-
tits gâteaux pour l'Abbeſſe, qui
lui en faiſoit ſouvent manger
avec elle, parce que, ſoit preſ-
ſentiment, ſoit inclination na-
turelle, elle l'aimoit infiniment.

Il y avoit ſix mois qu'elle
étoit dans le Couvent, quand
le Vicomte s'aviſa d'écrire à
l'Abbeſſe. Il lui vint dans l'idée
que puiſqu'il avoit épuiſé inutilement toutes les reſſources
pour retrouver ſon épouſe, il ne
devoit plus s'adreſſer qu'à Dieu.

Il écrivit donc son malheur à sa tante, pour implorer les prières de toute sa Communauté. L'Abbesse aussi-tôt communiqua sa lettre à Mademoiselle de Sainte-Marie, qui vit avec plaisir, qu'il ne marquoit point le tems de la fuite de sa femme, & que l'Abbesse s'imaginoit la chose toute nouvelle : elle connut aussi par cette lettre que le cœur du Vicomte étoit changé, sa joie en fut extrême : mais pour lui rendre son épouse encore plus chere, elle résolut de le laisser gémir jusqu'au sacrifice consommé, toujours persuadée que des vœux n'empêcheroient pas la réunion des deux époux. Pour la Vicomtes-

fe , elle apprit des nouvelles de
fon mari avec tranquillité. Elle
dit qu'elle étoit bien - aife de
fon changement & de fa douleur ; qu'il étoit bon qu'il répa-
rât , par des remords , les fautes
qu'il avoit commifes contre la
foi conjugale ; que fa difpofition préfente ne l'engageroit
pas à rentrer avec lui ; & qu'elle
ne vouloit plus d'autre époux
que celui que lui-même l'avoit
forcée de lui préférer , & qui lui
feroit toujours fidèle. Mademoifelle de Sainte-Marie fei-
gnit de l'approuver.

Cependant, la crainte d'être
découverte avant d'avoir prononcé fes vœux , troubla la Vicomteffe. Elle pria, fupplia pour

hâter fa réception. L'Abbeffe fe rendit à fon defir, en lui faifant grace de quatre mois. Elle prit le voile : elle redoubla encore de ferveur pour hâter auffi fa profeffion. Elle obtint fix mois. Le jour fut pris. Elle l'attendoit avec une vive impatience. Enfin, elle entra en retraite pour fe difpofer à fon facrifice.

Pendant qu'elle y étoit, le Vicomte arriva à l'Abbaye. Le chagrin d'avoir réduit au défefpoir une femme dont il fe rappelloit tout le mérite, l'abforboit. Tous les jours il déploroit fa perte : tous les jours il s'enfermoit dans un cabinet, où il avoit raffemblé plufieurs

portraits de cette epoufe, qu'il
adoroit, & là il les baifoit &
les baignoit de fes larmes. C'é-
toit pour le diftraire de ces ha-
bitudes lugubres, que le Marquis & la Marquife le détermi-
nèrent à rendre une vifite à fa
tante l'Abbeffe. Une lettre y
précéda fon arrivée de quelques heures. Mademoifelle de
Sainte-Marie trouva moyen de
pénétrer la retraite de la Vicomteffe pour l'en avertir. Cette nouvelle l'épouventa. L'Abbeffe avoit déjà dit qu'il auroit
la permiffion d'entrer dans l'in-
térieur du Couvent. La Vicomteffe en frémit. « Ah! je
» fuis perdue, s'écria-t-elle;
» mon mari n'aura pas occafion

» de me voir, puifque je fuis
» en retraite. Mais vous, Ma-
» demoifelle, vous que l'Ab-
» beffe aime, & qui paffez tout
» le tems avec elle, comment
» pourrez-vous éviter fa ren-
» contre? Hélas! il vous verra;
» il devinera que je fuis ici, &
» il rompra toutes nos mefu-
» res ». Mademoifelle de Sainte-Marie la raffura, en lui difant
qu'elle fçauroit bien fe fouf-
traire à fa vue, & qu'elle pouvoit fe tranquilifer.

Mademoifelle de Sainte-
Marie quitta la Vicomteffe &
s'en fut chez elle. Quand elle
y fut, elle s'empaqueta la tête,
fe couvrit un œil d'un bandeau;
fe mit au lit, & envoya dire à

l'Abbeſſe qu'elle avoit une fluxion. L'Abbeſſe accourut pour la voir. Elle lui témoigna ſa ſurpriſe ſur la promptitude du mal, & la part qu'elle y prenoit. A ce moment, on l'avertit de l'arrivée de ſon neveu. Mademoiſelle de Sainte-Marie la pria de la diſpenſer de voir le Vicomte les premiers jours de ſa fluxion, pour lui épargner le déſagrément de montrer ſa figure empaquetée à un étranger. L'Abbeſſe le lui promit, mais en l'aſſurant que ce ſeroit avec bien de la peine qu'elle priveroit ſon neveu d'une conſolatrice ſi éloquente. Mademoiſelle de Sainte-Marie repliqua qu'elle eſpéroit être en état

de paroître le jour de la pro-
feſſion de ſa chere fille.

L'Abbeſſe très-ſenſible au
chagrin de ſon neveu, lui ſa-
crifia preſque tous ſes momens.
Elle ne vit Mademoiſelle de
Sainte-Marie qu'à la dérobée.
La veille de la cérémonie elle
fut la voir, & lui dit qu'elle y
avoit invité ſon neveu pour le
diſtraire, & qu'elle eſpéroit en
même-tems qu'elle feroit en
état de paroître & de ſe joindre à elle pour lui donner de
la conſolation. Mademoiſelle
de Sainte-Marie le lui promit;
& elle s'informa adroitement,
s'il devoit y aſſiſter en dedans,
ou en dehors. L'Abbeſſe lui dit
ingénument qu'il reſteroit en

dehors pour plus de décence ; qu'elle lui avoit promis de lui faire placer un ſiége dans l'Egliſe tout près de la grille ; qu'elle lui avoit dit de s'y trouver le matin avant neuf heures ; & qu'après la réception, elle le feroit entrer pour dîner , & qu'elle auroit alors l'honneur de le lui préſenter.

Mademoiſelle de Sainte-Marie l'écouta & ſe diſpoſa à agir en conſéquence. Elle penſoit bien que ce jour-là même, le Vicomte recouvreroit un bien qui lui appartenoit, & qu'il deſiroit avec ardeur ; mais pour lui donner quelque ſouci , & lui rendre ſa femme plus chere, elle vouloit qu'elle prononçât

arrivant auprès de la grille , à jetter les yeux fur celle qui faifoit profeffion. La Vicomteffe étoit à genoux & tenoit dans fes mains fes vœux, qu'elle commençoit déjà à prononcer. Dans le moment, fon mari la reconnut, & jetta un cri : « Arrêtez, ma tante, dit-il, en » s'adreffant à l'Abbeffe, arrêtez : c'eft ma femme, c'eft ma » tendre moitié; c'eft l'ame de » mon ame ». L'Abbeffe mit auffi-tôt la main fur les vœux, pour retenir la Vicomteffe qui vouloit continuer. La Vicomteffe fe voyant arrêtée, leva les yeux, & les jettant fur fon mari, qui étoit plus pâle que la mort, & qui lui tendoit les mains,

mains, en lui demandant pardon, & en versant un torrent
de larmes, se trouva tout d'un
coup saisie d'amour, de pitié
& de tendresse. Elle se laissa
aller sur Mademoiselle de Sainte-Marie, qui étoit auprès d'elle, & elle s'évanouit dans ses
bras.

Tout alors fut en désordre.
Le Vicomte ne se possédant
plus, pressoit sa tante de lui
faire ouvrir la porte de son
Couvent. Rien n'étoit capable
de retenir son impatience. Il
faisoit des lamentations à faire
pitié. Il lui sembloit qu'il alloit
perdre sa femme pour la seconde fois. Tous les assistans fon-
doient en larmes avec lui, &

preſſoient l'Abbeſſe de lui accorder ce qu'il demandoit.
Avant que de ſe rendre, elle
prit la précaution de faire tirer
le rideau ſur la grille, & enſuite de faire ſortir du chœur toutes les Religieuſes, penſant bien
qu'il alloit ſe paſſer là une ſcène, dont elles ne devoient pas
être témoins. Après cela, elle
donna des ordres pour faire ouvrir à ſon neveu.

Il accourut auprès de ſon
épouſe, qui étoit toujours ſans
mouvement dans les bras de
Mademoiſelle de Sainte-Marie.
Il adreſſa ſes premieres paroles à cette Demoiſelle, qu'il
reconnut : *Ah! Mademoiſelle*,
lui dit-il avec reſpect & dou-

ceur, *quel tour m'avez-vous joué-*
là! Puis prenant les mains de
ſon épouſe, en l'appellant des
plus doux noms, il les preſſa
de ſes lévres & les inonda de
ſes pleurs. Après quelques momens, la Vicomteſſe ouvrit les
yeux. Voyant ſon mari à ſes
pieds qui lui demandoit pardon; elle le pria de ſe relever,
& elle lui dit d'un air pénétré
de tendreſſe & d'amour : *Arrê-*
tez vos larmes, Monſieur, n'ac-
cablez pas mon cœur. Je ſens qu'il
eſt pour vous encore le même. Ou-
blions le paſſé & aimons-nous tou-
jours. Le Vicomte la ſerra dans
ſes bras & la baiſant avec tranſport, il lui dit : « Puiſque j'ai le
» bonheur d'obtenir mon par-

» don, allons, chere & adora-
» ble épouse, allons ôter ces
» habits qui me choquent la
» vue, pour en reprendre qui
» vous conviennent mieux ». Ils
sortirent du chœur, & Mademoiselle de Sainte-Marie les
mena à son appartement, où la
Vicomtesse reprit ses habits du
monde. Là, on leur servit à
dîner. Et aussi-tôt après, le Vicomte, impatient de posséder
ce trésor qu'il avoit recouvré
contre toute espérance, voulut
partir; les instances de l'Abbesse pour la retenir furent inutiles. Son ardeur ne déplut
point à la Vicomtesse; elle se
laissa transporter par lui dans
une chaise de poste, & elle vit

couler les larmes de l'Abbeſſe ſans en verſer. Elle fit ſes
adieux à Mademoiſelle de
Sainte - Marie , en la priant de
les ſuivre au plutôt.

Ces aimables époux arrivèrent à Paris , & ramenèrent la
joie dans l'ame de leurs parens ; & par une tendreſſe réci-
proque , ils ſçurent oublier leurs
peines , & cimenter leur bonheur.

TABLEAU
De la Foiblesse humaine.

QUATRIÉME ANECDOTE.

MADEMOISELLE de Ville-Jolie, fille aînée des enfans du Comte & de la Comtesse de Ville-Jolie, étoit, à l'âge de dix-sept ans, une fille pleine de talens, d'esprit & de mérite. Sans être belle, elle avoit une de ces physionomies qui touchent. Un regard modeste, fin & délicat, frappoit plus en elle que n'auroient fait les traits les plus réguliers. Une démarche noble & un port majeſtueux achevoient chez elle la conquête des cœurs, qu'elle ne recherchoit pas. Un ſeul lui auroit ſuffi. C'étoit celui du Chevalier de Berniere, fils aîné du Comte de ce nom. Ils s'étoient vus pour la premiere fois, à une cérémonie qui ſe fit aux Minimes. Comme le Comte de Ville-Jolie avoit ſon Hôtel à la Place-Royale, ſa fille étoit connue des Religieux, & elle fut choiſie par les principaux du Couvent, pour être Quêteuſe à cette cérémonie. Le Comte étoit idolâtre de ſa fille; & il étoit de concert avec les Peres pour engager la Comteſſe ſon épouſe à ſe prêter à leurs deſirs. Auſſi charmée que ſon mari de voir briller fa fille, elle fe rendit, & les Religieux furent très-contens d'avoir une Quêteufe d'un rang & d'une figure à leur produire une bonne recette.

Le frere de la Demoifelle, qui n'avoit alors que quatorze ans, fut pris pour lui donner la main. Dès qu'elle parut, tous les regards fe fixèrent fur elle. Cela intimida fi fort fon Meneur, qu'il trembloit & faifoit trembler la main de la Quêteufe. Elle mécontente, parloit à fon frere, pour l'engager à furmonter fa timidité. Le Chevalier de Berniere qui étoit préfent, & qui étoit déjà épris de Mademoifelle de Ville-Jolie,

fe

fe préfenta à elle pour rempla-
cer fon frere. Elle jetta un
coup d'œil fur fa mere , qui lui
fit figne de l'accepter.

Après la quête qui fe fit de
part & d'autre , avec des graces qui charmèrent tous les af-
fiftans , le Chevalier refta auprès
de la Demoifelle , qui avoit re-
joint fes pere & mere ; & après
la cérémonie , il demanda la
permiffion au Comte & à la
Comteffe , de les reconduire à
leur Hôtel. Cela lui fut accordé. Le Chevalier étoit aimable;
& dès ce jour-là , il fut Amant,
& fut aimé.

Cette premiere vifite fut fui-
vie de plufieurs autres , qui à
chaque fois, firent de nouveaux

progrès fur les deux jeunes cœurs. La Comteffe en apperçut; mais elle penfoit que les partis étant à peu-près égaux pour la naiffance & pour la fortune, il n'y avoit pas de danger de fouffrir les vifites d'un jeune homme qu'elle fouhaitoit pour fon gendre. Cependant, au bout de quelque tems elle reconnut fon imprudence; mais c'étoit beaucoup trop tard.

La Comteffe étant un jour affife, une brochure à la main, le Chevalier entra, fe jetta à fes pieds, & laiffant tomber fa tête fur fes genoux, il fe mit à fondre en larmes. Sa Maîtreffe qui étoit préfente, lui demanda avec effroi, ce qu'il avoit; mais

ſes pleurs le ſuffoquoient ſi fort,
qu'il ne pouvoit parler : enfin,
après un quart-d'heure de pleurs
de ſa part, & d'allarmes de
celle des Dames, il leur dit
qu'il venoit de déclarer à ſes
pere & mere ſon inclination
pour Mademoiſelle de Ville-
Jolie, & qu'ils lui avoient répondu avec dureté, qu'il ne l'é-
pouſeroit jamais. Là, il fut encore obligé de laiſſer couler ſes
larmes. Il pouſſa mille ſanglots:
Mademoiſelle de Ville-Jolie en
avoit aſſez entendu pour lui
faire compagnie. Des larmes de
pitié avoient déjà ſorti de ſes
yeux avant de ſçavoir le ſujet
des pleurs de ſon Amant; mais
quand elle ſçut quel en étoit

l'objet, fes pleurs coulèrent en abondance. La Comtefle n'y put tenir, elle pleura auffi. Pendant cet intervale, le Comte rentra. Quelle fut fa furprife, de trouver tout le monde en pleurs? Il en demanda le fujet, mais inutilement pendant quelques momens.

Le Comte fit relever le Chevalier, le fit affeoir. Après quoi, il lui fit plufieurs queftions; & infenfiblement, il le mit en état de pouvoir parler. Il leur dit donc, que fes pere & mere lui avoient déclaré, qu'avant qu'il eût quinze ans, ils l'avoient promis au Marquis de Villiers pour fa fille; qu'ils étoient alors en procès enfemble, & qu'ils n'avoient pu s'accommoder avec lui qu'à ces conditions; qu'ils auroient perdu un bien confidérable, s'ils n'avoient pas fait cette promeffe ; & qu'ils affuroient que puifqu'ils l'avoient faite, ils la tiendroient malgré toutes les difficultés qu'on pourroit y apporter ; qu'il leur avoit repréfenté combien Mademoifelle de Ville - Jolie l'emportoit fur Mademoifelle de Villiers ; & qu'ils avoient répondu, qu'ils le fçavoient bien, mais que leur parole étoit donnée & qu'il falloit qu'elle fût tenue. Le Comte de Barriere étoit un homme efclave de fa parole, lors même qu'elle étoit indifcrete. Quand il fit fa promeſſe, Mademoiſelle de Villiers n'avoit que ſix ans. Il ne l'avoit jamais vue, & elle étoit alors contrefaite; de ſorte qu'à ſeize ans, elle étoit un monſtre pour la figure, & plus encore pour le caractère. Depuis un an la Comteſſe de Berniere la faiſoit venir avec elle paſſer des journées entieres, pour accoutumer ſon fils à la voir. Ils étoient voiſins. Le Chevalier ignoroit l'intention de ſa mere; & il étoit bien éloigné de s'imaginer qu'on lui deſtinât un tel magot.

Quand il les vit ſi fermes dans leur réſolution, il eſſaya de les gagner par une aure conſidération que celle de l'amour pa-

ternel. Il leur dit donc qu'il fe
fentoit tant d'oppofition pour
Mademoifelle de Villiers, qu'il
fe croyoit obligé de déclarer
qu'il ne pourroit que la rendre
malheureufe en l'époufant, &
qu'il ne croyoit pas que le Marquis fon pere, voulût fe prêter
au malheur de fa fille. « Cela
» ne regarde ni vous, ni nous,
» lui répondit-on durement ;
» c'eft à nous de tenir parole,
» & à vous d'obéir. Si vous
» vous refufez à notre volonté,
» ce ne doit être que pour re-
» noncer au mariage ; ce n'eft
» que par-là, continuoient-ils
» que vous pouvez nous déga-
» ger de notre promeffe ; & fi
» vous en époufez jamais une

» autre que celle que nous vous
» avons deſtinée, attendez-vous
» à n'avoir jamais rien de nous».
Que deviendrai-je donc, s'é-
cria-t-il alors? Le Comte & la
Comteſſe ſe regardoient, ſça-
chant bien à quoi il falloit ſe
réſoudre ; mais n'oſant le dire
au Chevalier qu'ils voyoient au
déſeſpoir. D'ailleurs, leur fille
fondoit en larmes ; & ſe regardant comme les auteurs de ſon
chagrin, ils ne vouloient pas irriter ſa douleur. Ils répondirent donc qu'il falloit prendre
patience, qu'avec le tems les
choſes pourroient peut - être
changer de face. Mais Mademoiſelle de Ville-Jolie, qui à
dix-ſept ans & demi, penſoit

auſſi ſenſément qu'une perſonne de trente ans , dit tout de
ſuite , mais en pouſſant mille
ſanglots , qu'il ne falloit pas ſe
flatter, qu'elle voyoit bien qu'ils
ne ſeroient jamais l'un à l'autre,
& qu'il falloit renoncer à ſe
voir. Dès que le Chevalier l'eut
entendue , il ſe mit à faire des
cris perçans : « Je ſuis perdu,
» dit-il, Mademoiſelle ne m'ai-
» me qu'à demi. . . . Vous êtes
» un aveugle ou un ingrat,
» Monſieur, lui dit-elle avec
» fermeté , je n'aime que vous,
» Je n'aimerai jamais que vous.
» Je vous promets de n'être à
» perſonne qu'à vous ; & quand
» j'aurai perdu toute eſpérance,
» je vous promets que j'entre-

» rai dans un Couvent pour y
» prendre le voile ».

Quelle réfolution ! ma fille,
s'écrièrent les pere & mere. Et
auffi-tôt ils fe mirent à pleurer.

Pour le Chevalier, dès qu'il
eut entendu fa Maîtreffe parler ainfi, il fut tranfporté d'une
joie fi extraordinaire, qu'il lui
prit la main, & la lui ferra contre fes lévres pendant un demi-
quart d'heure, fans qu'il fût poffible à Mademoifelle de Ville-
Jolie de la ravoir. Quant à la
fin elle la retira, elle la lui montra toute meurtrie. Il fit un cri
en lui demandant pardon. Ce
fut un contre-temps qui arrêta
les larmes du Comte & de la

Comteſſe. On ne s'occupa plus que d'apporter du remede au mal.

C'étoit le matin que ſe paſ-ſoit cette ſcène. Le Chevalier ne put prendre ſur lui de s'en retourner dîner chez ſes pere & mere. Il reſta chez le Comte toute la journée à faire mille projets, qui ſe détruiſoient l'un l'autre, pour faire réuſſir ſon mariage avec celle qu'il aimoit. Avant de s'en aller, il demanda la permiſſion de continuer ſes viſites. Comme il étoit aſſez tranquille, la Comteſſe lui ex-poſa le danger qu'il pourroit y avoir d'entretenir un feu qui n'auroit, peut-être, jamais dû s'allumer, & dont elle ſe reprochoit tout le progrès ; mais il ne put goûter fes raifons; il redoubla fes prières , en la conjurant de ne pas le priver du feul bien qui lui reftoit , & qui, en foutenant fon efpérance , lui feroit fupporter , avec courage , tous les affauts auxquels il alloit être expofé de la part de fes parens. Elle lui repréfenta inutilement , qu'elle voyoit bien qu'il n'y avoit plus rien à efpérer , & qu'il feroit plus glorieux à lui de fe foumettre , que d'irriter fes pere & mere. Il infifta , & il renouvella fon attachement à fa Maîtreffe. Il lui prit les mains : « Je vous promets , lui » dit - il , en préfence de Mon- » fieur , de Madame , & de

» Dieu, qui m'écoute, que je
» n'aurai jamais d'autre fem-
» me que vous. Je vous voue
» mon cœur & toute ma per-
» ſonne ; & ſi je ne puis éviter
» d'être à une autre qu'en me
» conſacrant à Dieu, je m'y
» conſacrerai ; mais en vous
» *ſommant* de la promeſſe que
» vous m'avez faite ce matin ;
» il me ſeroit impoſſible de
» vivre ſi je ſçavois que vous
» puſſiez être à un autre ». Mademoiſelle de Ville-Jolie qui
l'aimoit véritablement, ne fit
aucune difficulté de lui renou-
veller ſa promeſſe malgré l'oppoſition du Comte & de la
Comteſſe, qui faiſoient tout
leur poſſible pour l'empêcher

de s'engager à une chose si contraire à leurs defirs. Mais elle leur fit tant de repréfentations, d'amitiés , de careffes ; elle leur expofa avec tant de force , la folidité de fes difpofitions , qu'ils l'approuvèrent enfin.

Cependant, après bien des réflexions de part & d'autre, ils en vinrent tous à penfer que tôt ou tard, il faudroit fe féparer, & que par conféquent, il falloit prendre fur foi, de fe voir rarement, pour en venir à ne fe plus voir du tout. Le Chevalier feul ne put fouffrir cette propofition. Parce que fa Maîtreffe s'y prêtoit , il fe mit à fondre en larmes. Ah ! Made-

moifelle, s'écria-t-il, fi vous
m'aimiez comme je vous aime,
vous trouveriez cette propofition barbare ! Je fupporterois
plutôt d'être privé de la vie que
de votre vue. Et moi auffi, lui
répondit-elle, avec des yeux
baignés de pleurs : mais puifque
tôt ou tard, il faudra en venir
là, pourquoi ne pas prendre
fur nous de le faire aujourd'hui?
Nous ne nous verrons pas de
fois actuellement que nos cœurs
ne foient déchirés mille fois ; &
quand, malgré nous, il faudra
nous féparer, notre martyre
n'en fera que plus violent. Toutes ces raifons ne firent aucun
effet fur lui ; il pouffoit des gé-
miffemens à faire pitié. Auffi

leur en fit il tant, qu'ils fe rendirent à fes defirs. Il leur demanda de lui permettre de venir feulement trois fois la femaine, paffer l'après-midi avec eux pendant fix mois. Qu'après ce tems-là, il ne viendroit plus qu'une fois la femaine, jufqu'à ce qu'enfin, ils foient obligés de fe féparer pour toujours, ou qu'il leur fût permis de s'unir pour jamais.

A peine les fix mois furent-ils expirés, que le Comte & la Comteffe de Berniere fignifièrent à leur fils, que le Marquis de Villiers les fommoit de leur parole. Le Chevalier leur demanda un mois pour y penfer. Il lui fut accordé. L'ufage qu'il

fit

fit des premiers jours de ce mois , fut d'envoyer un de ses amis parler au Marquis. Il lui repréfenta l'averfion du Chevalier pour fa fille , comme la raifon la plus forte pour empêcher une alliance qui la rendroit fûrement la plus malheureufe de toutes les femmes. Toute la réponfe du Marquis fut, que fa fille , contrefaite comme elle étoit , ne pourroit jamais trouver de mari , encore moins , un de la naiffance du Chevalier ; qu'il l'aimât ou non, que cela lui étoit égal ; que comme il avoit beaucoup de bien , il vouloit que fa fille , qui étoit unique , fe mariât , pour avoir au moins un héritier , qu'après cela , fi elle ne pouvoit pas vivre bien avec fon mari, elle n'auroit qu'à fe féparer ; mais que comme elle aimoit beaucoup le Chevalier , elle fupporteroit peut-être fes dédains plutôt que fa féparation ; & qu'il vouloit enfin que le mariage fût fait dès que le mois que le Chevalier avoit demandé feroit expiré. Quelle réponfe , pour le pauvre Chevalier ! Il en fut accablé; & il s'en fut auffi-tôt , les larmes aux yeux , raconter tout à fa Maîtreffe. Auffi jaloufe de lui qu'il l'étoit d'elle , elle le conjura de prendre fon parti, en fe faifant ou Prêtre, ou Religieux. Il lui dit qu'il avoit encore une ref-

fource ; qu'il alloit tenter s'il
pourroit réuſſir de ce côté-là;
qu'il ſe détermineroit alors,
ſi la fortune lui étoit encore
contraire ; mais que ce ne ſeroit toujours qu'au bout du
mois.

Cinq jours avant l'expiration
du mois, ſur les ſix heures du
ſoir au mois de Juin , pendant
que le Comte & la Comteſſe
étoient enſemble à jouer au pi-
quet, ſous un berceau du jardin , une Femme-de-Chambre
de la Comteſſe fit ſigne à Mademoiſelle de Ville-Jolie, qui
étoit auprès de ſa mere , d'aller
à elle. Un moment après, elle
quitta ſa place pour aller ſçavoir ce que vouloit dire ce ſi-

gne. Cette fille lui dit fimplement de fe donner la peine de
monter à fa chambre. Elle en-
fila tout de fuite l'efcalier,
comptant que cette fille la fui-
voit pour lui dire quelque chofe
en particul.er.

En entrant dans fa chambre
la vue du Chevalier la frappa.
Elle fe retourna pour dire à
cette fille de ne la point quitter, & elle fut furprife de ne la
point voir, & effrayée de fe
trouver feule : elle voulut recu-
ler. Le Chevalier la retint, en
lui difant de ne rien craindre,
qu'il fçauroit la refpecter. Malgré ce difcours elle n'étoit pas
tranquille ; elle lui demandoit
avec inftance, de defcendre au

jardin, pour lui dire ce qu'il vouloit : « Je ne crains rien, » lui disoit-elle, mais j'ai ma » réputation à garder vis-à-vis » de la fille qui sçait que je suis » seule avec vous ». Ah ! Mademoiselle, lui dit-il, que votre délicatesse m'effraie ! Vous m'allez refuser la grace que je viens vous demander. « Quelle » est-elle cette grace, lui de- » manda-t-elle avec vivacité »? J'ai, comme vous le sçavez, lui répondit-il, un oncle en Province (c'étoit un vieux oncle de son pere). Je lui ai écrit ma situation, & ce que je desire de lui. Il m'accorde tout. Il n'est pas riche ; mais il me marque qu'il en aura assez

pour lui & pour nous. Enfin, il
prend pitié de moi ; & si vous
en prenez pitié aussi, nous par-
tirons ensemble, & nous nous
marierons quand nous serons
là. Son Château est isolé, &
personne ne sçaura notre aventure. « Ah ! Monsieur, que
» dites-vous là ? s'écria Made-
» moiselle de Ville-Jolie ; per-
» sonne ne sçaura notre aventu-
» re ! Tout Paris n'est-il per-
» sonne à vos yeux « ? Elle lui
dit cela avec un ton plein de
douceur ; mais piquée de la
proposition. Alors il se jetta à
ses pieds, & embrassant ses genoux. Ne vous refusez pas, lui
disoit-il, à notre bonheur com-
mun. Que nous importera Pa-

ris, quand nous n'aurons plus à le revoir? « Ce n'est point Pa- » ris, reprenoit-elle, qui m'im- » porte, c'est mon honneur ». Mais, Mademoiselle, lui disoit- il, nous nous marierons. « Cela » ne suffit pas, Monsieur, lui » dit-elle avec feu; on sçaura » que j'ai fui avec vous, avant » d'être mariée, & malgré tous » vos respects, le public n'en » fera pas plus indulgent. D'ail- » leurs, continua-t-elle, j'ai une » famille à respecter, & dont je » dois ménager la délicatesse. » Un pareil procédé mettroit » mes pere & mere au tom- » beau, & alors la vie me de- » viendroit odieuse. Quoi ! Ma- demoiselle, s'écria-t-il, vous

vous refufez ainfi à un Amant qui vous adore ! qui ne vit que pour vous ! qui vous facrifieroit mille vies, s'il les avoit ! Si vous connoiffiez l'amour comme je le connois, vous fentiriez que quand on poffède ce qu'on aime, on poffède tout l'univers. Il n'eft plus de pere, de mere, de parens; l'objet aimé tient lieu de tout. .... « Je ne penfe » pas ainfi, interrompit-elle; » vous ne connoiffez qu'un » amour, que je connois, que » je fens auffi-bien que vous. » Mais je ne connois pas moins » l'amour filial. Je le refpecte, » & je le préférerai toujours à » l'autre amour. Voilà mes fen- » timens, Monfieur, dit-elle » alors

» alors avec un ton ferme. Au-
» cune conſidération ne me fe-
» ra manquer à mon devoir; &
» jamais je ne ſerai à vous ſans
» le conſentement de vos pa-
» rens ». *Ah! cruelle*, s'écria-
t-il en pouſſant des ſanglots ,
vous m'arrachez le cœur ! En même-tems il la quitta avec précipitation , & courut fermer la
porte. Mademoiſelle de Ville-
Jolie qui étoit toujours troublée d'être ſeule avec lui, très-
éloignée des domeſtiques , &
encore plus du jardin où étoient
ſes pere & mere ; Mademoiſelle de Ville-Jolie, dis-je, eut
aſſez de préſence d'eſprit pour
fuir par la chambre du Comte
& de la Comteſſe, dont il y

avoit une porte qui donnoit dans fon cabinet de toilette, pendant que le Chevalier fermoit la porte de fa chambre à double tour.

Perfonne ne vit quelle fut fa furprife quand il fe trouva feul. Mais Mademoifelle de Ville-Jolie courut au jardin fe jetter à corps perdu dans les bras de fon pere, croyant être pourfuivie. Quand elle vit qu'elle ne l'étoit pas, elle fe remit un peu, & dit qu'elle venoit peut-être d'échapper à des horreurs de la part du Chevalier ; qu'elle n'affuroit pas cependant, qu'il eût eu mauvaife intention ; mais qu'il étoit dans un fi grand défefpoir, qu'elle pouvoit avoir tout à craindre de lui.

Le Comte & la Comteſſe ne s'étoient point apperçus de ſon abſence. Comme elle aimoit les fleurs & qu'elle s'en occupoit beaucoup, ils penſoient qu'elle étoit à s'amuſer dans le jardin; & ce jour-là n'étoit point un jour de viſite du Chevalier.

Elle eut le tems de leur raconter tout avant que le Chevalier parût. Quand elle en fut à la porte fermée avec précipitation, les pere & mere ſe regardèrent, puis s'écrièrent : « Ah! ma fille, que de graces » nous avons à rendre au ciel! » Un homme au déſeſpoir eſt

» capable de tout. . . » Enfuite , ils dirent qu'il feroit peut-
être à propos d'aller voir ce qu'il
étoit devenu. Mais le Comte
fit tout de fuite réfléxion , qu'il
pourroit y avoir du danger de
fe préfenter à lui , qu'il falloit
donner à fa fureur le tems de fe
paffer. Et comme ils parloient
de la faute de la Femme-de-
Chambre , qui avoit expofé fa
jeune Maîtreffe , le Chevalier
parut.

Il étoit plus pâle que la mort.
Il leur fit tant de pitié , qu'ils ne
lui firent aucun reproche , & lui
dirent de s'affeoir. Quand il fut
affis , il refta une demi-heure les
mains jointes , les yeux en terre,
& fans parler. On eut beau lui

faire des queſtions, il n'ouvrit pas la bouche; il pouſſoit ſeulement des ſoupirs. Pour Mademoiſelle de Ville-Jolie, elle étoit à côté de ſon pere, les coudes ſur ſes genoux, & la tête dans ſon mouchoir à pleurer. A la fin, ce fut elle, qui obligea le Chevalier à parler. « Combien de tems, lui dit-» elle, notre martyre durera-t-» il encore »? Toute notre vie, Mademoiſelle, lui répondit-il, puiſque vous le voulez. « Que » vous êtes cruel! lui dit-elle » en redoublant ſes pleurs : Di-» tes que je le dois ». En même-tems elle ſe leva, & dit que c'étoit à ce moment qu'il falloit renoncer pour toujours à se voir ; qu'il falloit enfin confacrer à Dieu des jours qu'il s'étoit réfervés ; que fon parti étoit pris, & qu'il n'avoit qu'à prendre le fien.

Depuis que le Chevalier étoit là, il n'avoit pas jetté une larme ; il étoit abforbé. Mais à ce moment, on en vit de groffes couler de fes yeux. Il fe leva auffi, & prenant les mains de fa Maîtreffe : « Adieu donc, Ma-
» demoifelle, lui dit-il ; adieu
» pour toujours. Puifqu'il faut
» que je renonce à votre pof-
» feffion, je renonce à tout,
» même au plaifir d'apprendre
» de vos nouvelles. Je ne vous
» écrirai jamais, ni même à
» perfonne qui puiffe me par-

» ler de vous. Ne pouvant of-
» frir un cœur à Dieu , en me
» consacrant à lui, je dois au
» moins lui sacrifier le plaisir
» d'enténdre parler de celle
» qui le possédera toute ma vie ,
» ce cœur qui ne devroit plus
» appartenir qu'à celui qui l'a
» formé. Je pars demain pour
» une province où un frere de ma
» mere a un petit Evêché; c'est
» dans les mains de cet oncle
» que je prononcerai des vœux
» cruels. . . » En disant cela
il poussa mille sanglots. Mademoiselle de Ville-Jolie en fit
autant ; & le Comte & la Comtesse, qui jusques-là avoient
fait tout ce qu'ils avoient pu
pour retenir leurs larmes, fu-

rent enfin obligés de les laisser couler.

Quelques momens après le Chevalier reprit : « Je préfére » l'état de Prêtre féculier, à » celui de Religieux, afin que » ma vie soit moins oisive. Ce » ne fera que par des exerci-» ces continuels que je pourrai » diftraire de ma penfée la perte » d'un objet que je chérirai » toujours ». En difant cela, il lui baifoit les deux mains l'une après l'autre, à plufieurs repri-fes. La Comtefse qui vouloit que cette fcène finît, leur dit alors : *Allons, mes enfans, em-braffez-vous pour la dernière fois.* Ils s'embraffèrent donc. Mais le Chevalier le fit avec tant de véhémence, que ſa Maîtreſſe perdit connoiſſance dans ſes bras : il fallut la lui arracher pour la ſecourir. La Comteſſe s'occupa d'elle ; & le Comte dit au Chevalier, avec ménagement, qu'il ne vouloit pas que ſa fille le revît au ſortir de ſon évanouiſſement. Il prit donc ſon parti & s'en alla. Le Comte le reconduiſit juſqu'à la porte, en lui marquant beaucoup d'eſtime, d'affection, & de regret de ne pouvoir l'avoir pour gendre. Ils s'embraſſèrent en pleurant, ſe dirent adieu, & ſe ſéparèrent.

Mademoiſelle de Ville-Jolie fut plus d'une demi-heure ſans connoiſſance ; de ſorte qu'elle

ne revint qu'après avoir été
mise au lit. La premiere chose
qu'elle fit, fut de chercher des
yeux son Amant. Quand elle
ne le vit pas, elle se mit à
pleurer. *Je ne le verrai donc
plus ?* répéta - t - elle plusieurs
fois. On la laissa se soulager.
Enfin, après bien du tems,
elle dit au Comte & à la Comtesse, qui ne la quittoient pas,
qu'elle les prioit de lui pardonner toutes ses foiblesses, &
de tout disposer pour la faire
partir dès le lendemain, pour
le Couvent. « Mon cœur, part
» demain, dit - elle, avec le
» Chevalier, il faut aussi que
» le sien parte avec moi. C'est
» la dernière conformité que

» nous puissions avoir ensem-
» ble. Je quitterai Paris d'un
» meilleur cœur ».

Depuis quelques mois qu'elle avoit perdu tout espoir d'ê-
tre à son Amant, elle étoit con-
venue avec ses pere & mere,
de ne point prendre le voile
dans un Couvent de Paris, de
peur que le Chevalier, quelque jour, quoique consacré à
Dieu lui-même, ne cherchât à
la découvrir. La Comtesse avoit
alors une amie intime avec qui
elle avoit conservé une liaison
par un commerce de lettres
assez assidu. Cette amie étoit
Abbesse de Notre - Dame à
Troyes. Ce fut là qu'il fut ré-
solu que Mademoiselle de Vil-

le-Jolie fe feroit Religieufe.
La confiance que la Comteffe
avoit, que fa fille feroit chérie
de cette Abbeffe, lui en faifoit
fupporter l'éloignement. On fe
rendit donc à fes defirs. Elle
partit le lendemain accompa-
gnée de fes pere & mere.

Le voyage fe fit avec affez
de tranquillité. Il fut décidé
dans la route, qu'il ne feroit
fait à l'Abbeffe, ni à qui que
ce foit, aucune mention de
l'inclination de Mademoifelle
de Ville-Jolie, ni par conféquent du motif qui la détermi-
noit à embraffer l'état religieux.
Ils arrivèrent à Troyes fur la
fin du fecond jour. Comme ils
n'avoient perfonne chez qui ils

puffent loger , ils defcendirent
à une auberge près du Couvent.
Ce ne fut que le lendemain matin qu'ils y furent. Dès que l'Abbeffe entra dans fon parloir,
elle reconnut fon amie. Sa joie
égaloit fa furprife ; elle ne
pouvoit la contenir, & elle la
déployoit avec tant de force,
que la Comteffe fe mit à pleurer, en lui difant qu'elle étoit
bien fâchée de ne pouvoir répondre à la joie qu'elle lui témoignoit de la voir; mais que
l'objet de leur voyage l'attriftoit
& empoifonnoit la fatisfaction
qu'elle goûtoit en fa préfence.
En même - tems elle lui dit ,
que depuis fix mois, fa fille ne

cessoit de leur dire qu'elle vouloit être Religieuse ; qu'ils
avoient voulu attendre quelque
tems pour voir si quelqu'événement ne viendroit point à
propos pour rompre une vocation contraire à leurs desirs;
mais que persistant toujours
dans sa résolution, ils s'étoient
enfin déterminés à se rendre
malgré eux à ce qu'elle desiroit ; que de concert, elles
avoient choisi son Couvent par
inclination pour elle ; que sa
fille espéroit trouver des bontés dans le cœur d'une amie de
sa mere ; & qu'elle la sçachant
entre ses mains, se consoleroit
plus aisément de ne la point

voir, parce qu'elle étoit sûre qu'elle trouveroit en elle une seconde mere.

L'Abbesse l'écouta sans l'interrompre, après quoi elle lui dit qu'elle ne pouvoit prendre part à sa tristesse; qu'au contraire, elle sentoit naître au-dedans d'elle, une joie délicieuse, de ce qu'elle alloit être dans le cas de lui donner des témoignages de son amitié dans Mademoiselle sa fille, pour qui elle se sentoit déjà une inclination réelle; elle sera ma compagne, l'amie intime de mon cœur, disoit-elle avec transport. Enfin, après bien des amitiés réciproques, l'Abbesse dit qu'elle ne pouvoit se lasser d'admirer une jeune perfonne, renoncer ainfi à un monde auquel elle devoit tant plaire.

Quelques jours après il fallut fe féparer. Rien ne fut fi touchant que les adieux qui fe firent de part & d'autre. Le Comte & la Comteffe s'occupoient moins de leur féparation d'avec leur fille, que de la violence où elle devoit être en embraffant un état dans lequel il entroit plus de dépit que de vocation. Et leur fille alors répandit tant de pleurs, & pouffa tant de fanglots, qu'ils virent bien que fon cœur étoit autant occupé de fon Amant que d'eux-mêmes.

L'Abbeffe eut réellement pour elle une tendreffe de mere. Dès

Dès le moment de ſon entrée elle la retint auprès d'elle ; elle fut en même-tems ſa mere, ſon Abbeſſe & ſa Maîtreſſe de Novice. Tout ſe fit avec une douceur, une condeſcendance, une indulgence même, qui lui firent preſque oublier ſes pere & mere, & ſon Amant : elle en rendoit graces à Dieu tous les jours, & ſe croyoit bien forte de ſupporter ainſi ſon nouvel état. Le Chevalier ne ſortoit pas de ſon idée ; mais elle y penſoit tranquillement & ſans regret.

Elle prit le voile au bout d'un an. Le Comte & la Comteſſe voulurent aſſiſter à la cérémonie ; ils firent le voyage,

& trouvèrent leur fille dans une santé parfaite; & son contentement éclatoit si bien dans toute sa personne, qu'ils ne purent s'empêcher d'être contens eux - mêmes. Quelques jours après la cérémonie, ils s'en retournèrent le cœur rempli d'admiration pour leur fille, & de reconnoissance pour l'Abbesse.

L'année d'après, à peu-près dans le même tems, ils firent un nouveau voyage pour la prononciation des vœux. Ils trouvèrent leur fille aussi contente que l'année précédente. Tout se fit avec grand appareil. La joie pétilloit dans les yeux de la Novice. Mais dès qu'elle

eut prononcé fes vœux , fon
cœur fut déchiré ; fon Amant
fe préfenta à fon imagination ,
comme lui reprochant ce qu'elle venoit de faire. Elle fe le
repréfenta dans toutes les fi-
tuations où elle l'avoit vu. Tantôt il la charmoit ; tantôt il lui
faifoit pitié ; & à chaque inftant, elle fentoit renaître pour
lui dans fon ame, un feu qui la
dévoroit.

Honteufe d'un changement
fi fubit, elle prit la réfolution
de cacher fa fituation. Elle af-
fecta un air gai, & elle fe con-
traignit fi bien, qu'au bout de
huit jours le Comte & la Comteffe s'en retournèrent contens
& joyeux.

Dès qu'ils furent partis, elle
devint rêveuse, l'Abbesse attri-
bua sa tristesse au départ de ses
parens : elle fit ce qu'elle put
pour la dissiper. Mais quand elle
vit que cette tristesse continuoit
& dégénéroit en mélancolie,
elle lui en demanda la raison.
La jeune Professe, que désor-
mais j'appellerai Madame de
Ville-Jolie, se mit à fondre en
larmes. L'Abbesse fit tout ce
qu'elle put pour lui arracher
son secret, elle n'y réussit pas.
Elle l'épioit, la suivoit par-
tout en silence, écoutoit à toutes les portes des piéces où elle
la sçavoit seule, pour tâcher de
deviner le sujet de son chagrin;
mais la jeune personne poussoit

des foupirs fans prononcer une feule parole. L'Abbeffe redoubla d'attentions, de careffes, de démonftrations, de tendreffe, pour gagner fa confiance, elle ne réuffit pas plus. Enfin, après bien des tentatives, elle abandonna fon deffein en lui continuant toujours fes bontés pour adoucir fa fituation. Voilà la vraie charité. Elle avoit droit de la forcer de parler; mais elle ne vouloit que fa confiance, fans vouloir la dominer.

Comme le Comte & la Comteffe avoient promis de faire tous les ans le voyage de Troyes, pour voir leur fille, l'Abbeffe attendoit ce tems-là pour apprendre ce qu'elle defiroit extrêmement de fçavoir : mais quelques jours avant leur arrivée, Madame de Ville-Jolie fe jetta à fon cou & lui demanda, en grace, de ne leur point parler de fa trifteffe. Vous leur donneriez la mort, ma chere maman, (elle parloit ainfi) lui difoit-elle; que leur voyage, je vous prie, fe faffe tous les ans avec gaieté. Je fçaurai me contraindre en leur préfence. Je voudrois pouvoir le faire devant vous auffi, ajouta-t-elle, pour vous éviter le défagrément de voir toujours une perfonne trifte; mais il m'eft impoffible de me contraindre toujours, j'en tomberois malade, & c'eft en partie pour vous

éviter cette autre ſorte de déſagrément , que je laiſſe échapper devant vous & mes pleurs
& mes ſoupirs.

Eh bien! ma chere fille , lui
dit alors l'Abbeſſe en l'embraſſant , je me tairai pour ne vous
point déſobliger : cependant
j'eſpérois par eux apprendre
votre ſecret. Je crois le deviner. Vous aimez , ma chere
amie. Des larmes , accompa-
gnées de tant de ſoupirs, n'an-
noncent pas autre choſe qu'un
cœur épris. Vous me refuſez votre confiance , j'en ſuis fâchée ,
mais je ne vous en veux pas. Je
ne deſirerois ſçavoir le ſujet de
vos chagrins, que pour en adoucir l'amertume. Je ne vous en

parlerai plus, ma chere enfant;
mais j'attendrai, en silence, que
votre disposition vous permette
de me faire votre confidence,
quand vous le jugerez à propos; je n'abuserai pas de votre
confiance; je tâcherai seulement de vous être utile & non
à charge. Vous êtes d'une figure à plaire, continuoit-elle;
vous avez plu sûrement. J'ap-
prendrai donc avec moins d'é-
tonnement, que vous avez aimé, que je ne croirois que vous
avez été toute votre vie indifférente, parce qu'il est difficile
d'être aimée sans payer de retour; & vous n'êtes pas venue à
l'âge de dix-huit ans, sans avoir
eu des Adorateurs.

Ce

Ce diſcours étoit aſſez fort pour engager une jeune perſonne à découvrir le fond de ſon ame, mais ce n'étoit pas Madame de Ville-Jolie; elle étoit trop réſervée pour s'ouvrir ainſi; elle ſçavoit que dans les Couvens on ne ſçauroit être trop ſur ſes gardes; mais elle ne ſçavoit pas encore qu'elle n'avoit rien à craindre vis-à-vis de ſon Abbeſſe, dont le fond du caractère étoit la charité & la douceur.

Le Comte & la Comteſſe arrivèrent dans le tems marqué. Ils trouvèrent leur fille gaie, & ils ne s'apperçurent pas que c'étoit une gaieté forcée; ils la félicitèrent ſur ſon enjouement

pendant tout leur féjour. Elle
étoit la premiere à les divertir
par mille difcours qu'elle imaginoit, moins pour les amufer
que pour les tromper. Enfin,
elle réuffit fi bien, qu'ils s'en retournèrent contens au bout de
la huitaine. C'étoit ordinaire-
ment ce tems-là qu'ils reftoient
à Troyes.

Il n'en fut pas de même l'année d'après. Dès que la Comteffe eut jetté les yeux fur fa
fille, fon état lui fit pitié. Quelle
maigreur! s'écria-t-elle . . . .
Sa fille qui trouvoit du foulage-
ment, même du plaifir, dans
fes larmes & fes foupirs, ne s'é-
toit pas apperçue de fon changement; & l'Abbeffe s'étoit bien

donné de garde de lui en parler, de peur qu'elle n'imaginât
une réponſe pour trom perenco-
re ſes pere & mere. D'ailleurs,
elle eſpèroit par-là, apprendre
un ſecret qu'elle n'avoit pû encore obtenir. L'exclamation de
la mere embarraſſa & fit rougir
la fille. Cette rougeur en dit
aſſez à la Comteſſe, qui à l'in-
ſtant, ſe mit à pleurer. Le Comte regarda ſa fille avec des
yeux de pitié, & en lui diſant
ſeulement : « Ah ! ma chere en-
» fant, que ton ſort eſt à plain-
» dre » ! L'Abbeſſe obſervoit
tout en ſilence. Enfin, Madame
de Ville-Jolie laiſſa échapper
des ſoupirs & des larmes.

L'Abbeſſe dit alors à la Comteſſe : « Voici, ma chere Amie, le métier que fait votre fille depuis deux ans. A peine ſes vœux ont-ils été prononcés que je me ſuis apperçue de ſa triſteſſe, qui depuis eſt dégénérée en mélancolie. Je n'ai pu encore obtenir ſa confiance ; enſorte que je ne puis avoir pour elle, que de la pitié, ſans pouvoir lui donner la moindre conſolation. Son obſtination à me taire ſon ſecret ne m'indiſpoſe point du tout contre elle. Je voudrois pourtant le ſçavoir, dans l'eſpérance de lui être utile ; mais je ne veux point le ſçavoir aux dépens de ſon repos. Je préfére ſi fort ſon agrément au mien, que je l'ex-

horte la première à ne me dire
que ce qu'elle voudra , & j'évi-
te , avec foin, de lui faire aucune demande fur fon fecret ,
de peur de la mettre dans l'o-
bligation de me le découvrir
par obéiffance contre fa volonté ».

La Comteffe fut très-fatis-
faite d'entendre ainfi parler
l'Abbeffe ; elle lui en marqua
fa reconnoiffance, & dit à fa
fille, d'aller avec elle , faire un
tour de jardin. Dès qu'elles y
furent , la fille fe jetta au cou
de fa mere, en verfant un torrent de larmes ; enfuite elle lui
découvrit le fond de fon ame.
Elle lui dit tout ce qui s'y paf-
foit pour fon Amant ; qu'elle

l'aimoit plus qu'elle ne l'avoit jamais aimé; que dès qu'elle eut prononcé ſes vœux, & avant même que la cérémonie fût achevée, elle ſe ſentit le cœur déchiré par mille penſées que l'amour lui ſuggéroit. Elle lui raconta tout ce que l'Abbeſſe faiſoit pour ſçavoir ſon ſecret ſans la vouloir contraindre, & juſqu'où alloient ſes bontés pour elle. Et quand elle lui parla des diſcours de l'Abbeſſe, qui l'aſſuroit que *tant de pleurs & de ſoupirs ne pouvoient venir que d'un cœur épris.* La Comteſſe lui dit que c'étoit là l'occaſion de lui ouvrir ſon cœur; que puiſque ſon Abbeſſe l'avoit deviné, elle ſçavoit tout ſans ſon aveu, ˙

& qu'il falloit qu'elle l'aimât autant qu'elle l'aimoit, pour supporter de sa part, une réserve aussi outrée ; que c'étoit lui faire injure que de lui marquer aussi peu de confiance; & qu'il falloit, de ce pas, lui aller tout avouer. Elles y allèrent à l'instant.

Pendant l'absence de la mere & de la fille, l'Abbesse avoit eu la discrétion d'entretenir le Comte de choses toutes contraires à la situation de sa fille, tant pour le distraire de son chagrin, que pour ne le point mettre dans le cas de lui découvrir des choses contre sa volonté, ou contre celle de sa femme.

Dès qu'elles furent rentrées, la Comtesse embrassa l'Abbesse, la remercia de toutes ses bontés, & lui fit un récit circonstancié de toute l'histoire de sa fille. L'Abbesse fut très-sensible à cette ouverture de cœur : elle écouta ce récit avec une tranquillité aussi grande que si ç'eût été une histoire qu'elle sçavoit déjà. Aussi, leur dit-elle après, que rien de ce qu'on lui avoit dit ne l'étonnoit, parce qu'elle avoit pensé que ce n'étoit qu'un événement de cette nature qui pouvoit mettre une jeune personne dans cet état, après avoir prononcé des vœux.

Ensuite elle embrassa sa jeune amie, en lui disant : « Eh

» bien, ma chere fille! qu'avez-
» vous gagné à me taire opi-
» niâtrement votre hiſtoire ?
» Qu'allez-vous perdre à me
» l'avoir découvert ? Vous avez
» pleuré, gémi , combattu tou-
» te feule ; actuellement que
» nous ſommes deux , nous
» pleurerons , nous gémirons,
» nous prierons enſemble ; &
» loin d'aigrir votre mal par des
» reproches durs & toujours
» infructueux, je l'adoucirai, en
» vous repréſentant tendrement
» votre foibleſſe, en vous ex-
» hortant doucement à la vain-
» cre , & en vous perſuadant
» que vous n'êtes que malheu-
» reuſe & non criminelle ».

Ce diſcours tranſporta la jeu-

ne Religieuse de joie : elle se
jetta au cou de son Abbesse,
lui témoigna beaucoup de reconnoissance, reconnut ses
torts, en la priant de les lui
pardonner, & lui promit que
dorénavant, elle seroit la dé-
positaire de toutes ses pensées,
de toutes ses réfléxions, & de
tous ses mouvemens.

Dès ce moment l'Abbesse
tint parole ; & le Comte & la
Comtesse eurent la satisfaction,
avant leur départ, de voir que
les bontés de l'Abbesse avoient
déjà opéré sur la santé de leur
fille.

Mais elle ne fut pas six mois
sans sentir renaître son amour.
Le Chevalier régna sur son cœur

avec plus d'empire que jamais ;
& ſa tendre Abbeſſe, qui ne
ceſſoit de s'occuper d'elle,
voyoit avec douleur ſa triſteſſe
& le dépériſſement de ſa ſanté.
« Vous m'avez promis, lui dit-
» elle un jour avec amitié, de
» me découvrir l'état de votre
» ame ; je vous *ſomme* de votre
» parole, & je vous ordonne
» de vous acquitter de votre
» promeſſe ». La demande de
l'Abbeſſe fut pour la Religieuſe
un coup de foudre. « Ne me
» parlez de rien, ma chere ma-
» man, s'écria-t-elle, en fon-
» dant en larmes ; mes pleurs
» me trahiſſent & vous en di-
» ſent trop pour mon mal-
» heur » ! ... Il n'y a pas que

vos pleurs qui vous trahiffent, ma chere fille, lui dit l'Abbeffe en l'embraffant, votre maigreur vous trahit auffi. Pourquoi diffimuler encore avec moi, qui vous aime plus que moi-même? Que craignez-vous à m'ouvrir votre cœur? Commencez actuellement, lui dit-elle en la ferrant contre fon fein, à me faire un détail fur votre fituation préfente. « De ma fitua-
» tion, reprit Madame de Vil-
» le-Jolie, en redoublant fes
» pleurs; il eft honteux pour
» moi d'être toujours la mê-
» me : Dieu m'abandonne. Il
» eft irrité contre moi. Faut-il
» qu'un homme enléve ainfi
» un cœur, qui ne devroit

» être qu'à lui ? Faudra-t-il que
» je sois toute ma vie en proie
» à une passion détestable » ?
Pourquoi donc , interrompit
l'Abbesse , parler de toute votre vie ? Manquez vous de confiance en Dieu ? Il vous abandonne , dites-vous. Dites plutôt
qu'il vous éprouve : il vous
fait sentir votre foiblesse ; il
veut que vous recourriez à lui,
mais il ne veut pas que vous
limitiez le tems de ses graces.
Vous devez toujours combattre , toujours prier , toujours espérer & jamais vous plaindre.
Ah ! ma chere maman, reprit
vivement Madame de Ville-
Jolie, qu'il est difficile de ne
se pas plaindre quand on a du

mal. Le mien eft d'une nature que vous ne connoiffez pas. ... . Je le connois, ma chere fille, lui dit l'Abbeffe avec douceur ; & pour vous montrer que je mérite votre confiance, je vous dirai, avec franchife, que j'ai aimé, & je vais même vous faire un précis de mon hiftoire : elle a affez de rapport avec la vôtre, & vous êtes la feule à qui je l'aurai jamais racontée.

« J'étois l'aînée de ma famille ainfi que vous, dit-elle, & deftinée pour le monde. J'ai une fœur qu'on deftinoit pour le Couvent, parce que mes pere & mere n'ayant pas un bien confidérable, ne vouloient établir qu'un enfant dans le mon-

de, & ils ne vouloient pas que
cette enfant dérogeât à sa naiffance. Il falloit donc que l'une
fût heureufe aux dépens de
l'autre. Voilà ce qui arrive tous
les jours, quand l'ambition
l'emporte fur la fortune. J'ai
donc été demandée en mariage
par le Marquis qui eft aujour-
d'hui mon beau-frere. Comme
il avoit perdu fes parens, &
qu'il avoit une fœur, le partage de leur bien prit un tems
confidérable. On ne voulut pas
nous marier que toutes les affaires ne fuffent en régle, &
pendant tout ce tems, le jeune
homme venoit au logis & faifoit
fur mon cœur le même effet
que le Chevalier a fait fur le

vôtre; avec cette différence, que vous étiez aimée, & que moi, je ne l'étois pas. Quoique je ne fuſſe pas mal pour la figure, je n'étois pas aſſez bien pour plaire à un homme qui ne s'attachoit qu'à la beauté. Il ne m'avoit demandée en mariage que pour en venir à demander ma ſœur, qui étoit dans le même Couvent que la ſienne, & qu'il avoit vûe pluſieurs fois. Il eſt vrai que ma ſœur eſt une beauté accomplie, & que n'ayant que deux ans moins que moi, elle étoit preſqu'auſſi mariable. J'avois alors dix-ſept ans; ma ſœur donc en avoit quinze. Ce fut le Marquis lui-même qui traîna leurs affaires

en

en longueur, pour lui donner
le tems de ſe former. Ce ne
fut qu'au bout de deux ans que
tout fut en état , & qu'il fut
queſtion de nous marier. Alors
le Marquis déclara ſes ſentimens : mes pere & mere en
furent ſurpris. Comme ma ſœur
étoit dans un Couvent de Province ; ils ne l'avoient pas vue
depuis ſix ans, & le Marquis
depuis deux ans , avoit été voir
ſa ſœur huit fois ; mais l'objet
de ſes voyages n'étoit que pour
voir ma ſœur , qui , dès la premiere fois qu'il l'avoit vue, lui
avoit plu.

Quand donc mes pere &
mere virent qu'il me préféroit
ma ſœur , ils lui en demandè-

plaira, Mademoiselle, me répondit-il ; mais je vous aimerois mieux pour ma belle-sœur que pour ma femme. C'eft-à-dire, Monfieur, lui repliquai-je avec fierté, que vous aimez mieux ma fœur que moi. Vous l'avez vûe plufieurs fois ; vous lui trouvez apparemment plus de mérite ? cela fuffit. Enfuite, regardant mes pere & mere, je leur dis, qu'ils pouvoient eux-mêmes me choifir un Couvent ; qu'il m'étoit égal d'être dans l'un ou dans l'autre, pourvu qu'il ne fût pas trop auftère ; que comme je n'y entrois ni par goût, ni par pénitence ; je ne ferois pas fâchée d'y avoir un peu mes aifes, pour me dé-

dommager du plaiſir de les
voir, & auſſi pour me faire gou-
ter le bonheur d'être délivrée
d'un perfide. Eh bien ! me dit
ma mere, accepte celui de ta
fœur ; nous allons demain la re-
chercher. Viens tout de fuite
avec nous ; on eſt mieux en Province qu'à Paris, & la dot y
eſt moins forte ; nous ferons
plus en état de te faire une rente
confidérable, pour une Religieuſe : car, ajouta-t-elle, nous
ferons tout notre poſſible pour
adoucir ton fort. Je la remer-
ciai de ſes bontés, en lui difant,
que j'irois volontiers avec eux,
fi Monſieur (en montrant le
Marquis) n'étoit pas du voyage. Votre amour, Mademoi-

selle , va donc se changer en
haine , me dit-il? Je ne daignai
pas lui répondre ; j'attendis la
réponse de ma mere , qui me
dit qu'il comptoit en être. Cela
étant , dis-je avec fermeté , je
n'en suis pas. Et dans l'instant
je me levai & m'en allai à ma
chambre , où je donnai un libre cours à mes larmes. J'étois
outrée de colère , de dépit
& de rage contre un homme
que j'aimois à la fureur , &
avec cela , j'étois fière , &
bien déterminée à ne le plus
voir.

Mes pere & mere qui ne demandoient pas mieux que de
me voir prendre mon parti tout
d'un coup , l'engagèrent à n'é-

tre point du voyage. Donc un
quart-d'heure après être mon-
tée à ma chambre, ma mere
vint me dire que le Marquis
étoit déterminé à ne point aller
avec eux ; qu'ainſi, je pouvois
me diſpoſer à partir le lendemain, ſi je voulois. Je lui répon-
dis, qu'en ce cas, j'étois toute
prête. Elle me trouva ſondante
en larmes, & elle eut la dureté
de ne me pas dire un mot de
conſolation. Vous voyez, ma
chere fille, la différence de
mes pere & mere, d'avec les
vôtres.

Nous partîmes le lendemain.
Ce n'étoit qu'à douze lieues
de Paris. Je fus très-accueillie
de tout le Couvent, & princi-

palement de l'Abbeſſe ; qui
m'aima tout d'un coup preſqu'autant que je vous aime. Je
trouvai ma ſœur ſi aimable, que
je me trouvai moins indiſpoſée
contre le Marquis ; mais, je lui
en voulois terriblement de m'a-
voir jouée. C'eſt pourquoi je
priai mes pere & mere, en particulier, de ne jamais me l'amener, en les aſſurant, que quoiqu'il devînt mon beau-frere, je
ne le verrai de ma vie. Comme je les trouvois durs à mon
égard, je leur fis des adieux
auſſi ſecs que les leurs ; (car ils
n'ont pas jetté une ſeule larme
en me quittant.) Mais dès qu'ils
furent partis, j'en verſai beaucoup à cauſe de leur dureté, &
auſſi

aussi, à cause de la perfidie du Marquis.

Le mariage de ma sœur se fit en moins d'un mois. Un an après son mariage, elle vint avec mes pere & mere lorsque je pris le voile. Son mari étoit avec eux, mais il ne se montra pas. Elle étoit déjà accouchée de son premier enfant, qui étoit un fils. Elle revint encore à ma profession. Son mari alors demanda à me voir. Je le refusai net, en lui faisant dire, que s'il avoit du cœur & des sentimens, il ne me le demanderoit dè sa vie. Il fut trouver mon Confesseur, à qui je dis, quand il vint me parler, que j'avois pensé épouser mon beau-frere; que je

Tome II. N

l'aimois encore, & que c'étoit
par raison & par devoir que
je refusois de le voir. Mais
je le priai en même-tems de
garder le secret sur mon amour,
parce que j'étois assez fière pour
vouloir que le Marquis ignorât
mon attachement pour lui.
J'eus assez de bonheur pour
que mon Confesseur goûtât
mes raisons. Il prit mon parti
avec discrétion, & je ne vis
pas mon beau - frere. Je crus
avoir beaucoup gagné. J'avois
déjà combattu mon amour pendant deux ans, & je le com-
battis encore trois autres années, sans pouvoir m'empêcher
de penser à lui, & de l'aimer à
la fureur.

Enfin, il arriva qu'il fit l'achat d'une Terre qui n'étoit qu'à une lieue de mon Couvent. Dès la premiere année, il y vint paſſer une bonne partie de l'été, avec mes pere & mere, ſa femme & toute ſa maiſon. A peine y fut-il arrivé, qu'il m'écrivit une lettre, où il me marquoit, avec candeur, combien il étoit mortifié du refus que je faiſois de le voir; que s'il avoit eu plus d'amour pour ma ſœur que pour moi, il en étoit bien puni ; qu'il reconnoiſſoit bien que ſi elle l'emportoit un peu ſur moi du côté de la figure, je l'emportois beaucoup ſur elle du côté de l'ame; (il eſt vrai que ma ſœur

N ij

eſt d'une coquetterie outrée,)
qu'il ne ſe trouvoit pas malheureux de l'avoir pour femme;
mais qu'il ſçavoit qu'il ſeroit au
comble du bonheur, s'il avoit
ſçu me préférer à elle; qu'il me
prioit de lui pardonner une
faute qu'il reſſentoit plus que
moi, & qu'il ne ſe pardonne-
roit jamais lui-même; & qu'enfin, il me ſupplioit de lui permettre de me voir actuellement, puiſqu'il avoit le bonheur d'être mon voiſin. Si vous
avez réſolu, ajoutoit-il, de me
punir, vos entretiens auront
pour moi tant de charmes,
qu'ils me puniront autant que
votre privation: ils me feront
ſentir ma perte, mon malheur,
& ils vous vengeront.

Cette lettre me fit un plaisir extrême. Je triomphois. J'étois vengée. Mais j'aimois, & j'avois des devoirs à remplir ; & je m'imaginois que le premier de mes devoirs étoit de ne plus aimer. Il me fallut armer de courage pour m'obstiner dans mes refus. Je lui écrivis donc en deux mots, que je ne voulois absolument pas le voir, & je m'applaudis de ma fermeté.

Quand mon beau-frere vit que je ne me rendois pas, continua l'Abbesse, il imagina un expédient pour me toucher. Il fit des vers très-jolis, très-touchans, & très-engageans, & me les fit présenter par son fils aîné, qui avoit quatre ans alors. Il avoit appris à cet enfant un compliment court , mais bien tourné , pour m'engager à lui pardonner. Cet enfant , beau comme le jour , que je voyois pour la premiere fois , & qui m'appelloit fa tante , fit fur moi tout l'effet que defiroit fon papa. Il étoit conduit par fa Gouvernante , & accompagné de fa mere , qui m'avoit fouvent demandé , inutilement , la grace que venoit me demander fon fils.

Dès que je vis donc cet enfant , je fentis au-dedans de moi , une émotion nouvelle. Je pris les vers de fa petite main. Je les lus. Des larmes coulèrent de mes yeux. Je demandai que l'enfant entrât dans le Couvent, pour le baifer à mon aife. Je l'embraffai mille fois quand il y fut entré. Et comme je réfléchiffois à la premiere grace qu'il me demandoit (fon compliment le portoit) je ne fçavois à quoi me réfoudre, quand fa mere lui dit : Mais mon fils, vous ne fongez qu'à embraffer votre tante, & vous oubliez la grace que vous venez lui demander. *Ah ! ma chere tante*, me dit-il avec le fon le plus joli, *pardonnez à mon papa, je vous prie.* Je me fentis alors fi émue, que je le pris dans mes bras & lui dis avec la plus vive tendreffe : *Oui, mon cher ami, je lui pardonne , qu'il vienne me voir.* A peine eus-je lâché cette parole, que ma fœur fortit, & auffi-tôt je la vis reparoître avec mon beau-frere. Il étoit dans un parloir d'à côté , & avoit tout entendu.

Sa préfence, à laquelle je ne m'attendois pas fitôt , me troubla ; mais ma fierté me foutint. Nous nous fimes réciproquement beaucoup d'accueil. Pas un feul de fes regards n'échappa à mon examen , & j n'en remarquai pas un feul qui ne me prouvât fon contentement, fon amour, fon eftime & fon refpe . Pour notre converfation, elle fut générale, à caufe de la préfence de fa femme.

Il me vint revoir tout feul le lendemain. Dès ce jour-là, je devins fa confidente & fa confolatrice. Pendant dix ans que je reftai encore à ce Couvent, nous avons continué de nous voir en liberté, & le plus fouvent qu'il nous a été poffible ; & nous avons toujours été amis. Je dis amis, car depuis le moment que nous avons commencé à nous voir, nous avons eu l'un pour l'autre une amitié de frere & de fœur ; & l'amour que je fentois pour lui a totalement changé de nature. C'eft là ce qui m'a appris, ma chere fille, que l'amour ne fait qu'augmenter lorfqu'on l'irrite. Si vous fçaviez m'ouvrir votre

ame avec confiance, & me dire
fans déguifement, ce qui fe
paffe au-dedans de vous pour
votre Chevalier, vous fentiriez qu'une telle ouverture
amortiroit votre paffion & fou-
lageroit votre cœur. Hélas !
ma chere maman, lui dit Madame de Ville-Jolie, fi je garde un filence outré fur l'état de
mon pauvre cœur, ce n'eft pas
faute de confiance en vous;
c'eft pour ne point parler de celui qui le captive, parce qu'en
parler c'eft y penfer, & je ne
voudrois penfer qu'à Dieu. Cela eft vrai, repliqua l'Abbeffe :
Mais, qui vous a dit que Dieu
ne vous laiffe pas cet attachement pour faire pénitence de

cet attachement - là même ?
Pourquoi donc vous découra-
ger, & dire que Dieu vous
abandonne ? Ne ſeriez-vous pas
plus heureuſe d'être délivrée de
votre amour, que d'y être toujours aſſervie ? Vous êtes donc
dans la ſouffrance ? Eh bien !
ſouffrez pour Dieu, & penſez
qu'il vous afflige parce qu'il
vous aime. Je vous en ai dit
aſſez, ma chere amie, pour
vous engager à n'avoir pour
moi aucune réſerve. Non, ma
chere maman, lui dit Madame
de Ville-Jolie, je n'en aurai
plus. Mais, dites-moi, je vous
prie, ſi vous avez eu bien du
chagrin quand vous avez quitté votre Couvent pour être Ab-

beſſe ? Vous avez dûe être bien affligée d'abandonner un lieu où vous aviez le plaiſir de voir ſouvent votre famille, & principalement ce beau-frere, pour qui vous aviez tant d'eſtime.

Non, ma chere fille, lui répondit l'Abbeſſe, je n'en ai pas eu beaucoup. C'eſt mon beau-frere lui-même, qui m'a procuré mon Abbaye. Il l'a fait à mon inſçu ; il a préféré mon avantage à ſa ſatisfaction. C'eſt un procédé que j'ai beaucoup admiré en lui ; car je puis dire que mon éloignement lui a été bien ſenſible. Nous nous ſommes dédommagés par lettres ; & vous voyez qu'il ne manque pas de venir me voir deux fois l'année.

C'est lui qui m'a donné le chagrin le plus vif que j'ai eu de
ma vie. Mais aussi, c'est lui, de
toute ma famille, qui me donne
le plus de consolation. Depuis
que vous êtes ici, vous avez
vue que personne ne m'est venu
voir que lui. Il m'estime, me
regrette, me le dit, & cela me
suffit.

Dès ce jour-là, Madame de
Ville-Jolie n'eut plus rien de
caché pour son Abbesse : & elle
s'en trouva mieux quelques mois
après, à l'arrivée du Comte &
de la Comtesse. Leur fils, qui
tous les ans, demandoit, inutilement, d'être de leur voyage,
en fut cette année. Le Comte
& la Comtesse l'avoient tou-

jours refufé, à caufe de la fituation de leur fille. Mais comme il avoit alors quelqu'âge,
& qu'il étoit fenfé & raifon-
nable, ils fe rendirent à fon
defir. D'ailleurs, quoiqu'encore
jeune dans le tems, il avoit remarqué l'affection de fa fœur
pour le Chevalier, & il avoit
été préfent à différens entretiens à fon fujet.

La vue du frere fit un plaifir extrême à la fœur. Elle l'embraffa avec la plus vive tendreffe, & elle lui dit en fou-
riant, que c'étoit lui qui étoit
la caufe de tous fes maux, que
s'il n'avoit pas été fi timide lors
de fa quête, elle n'auroit pas
été dans le cas d'accepter la

main de celui qui faifoit fon tourment.

Il fçut l'amufer plus que per-fonne ; de forte qu'elle dit un jour que depuis qu'elle le voyoit elle fe fentoit moins d'attache pour le Chevalier. Elle ajouta : « Je crois que fi quelqu'un pou-voit m'en apprendre des nou-velles , je deviendrois tout-à-fait indifférente pour lui. De-puis du tems , j'ai une curiofité extrême de fçavoir ce qu'il eft devenu , & s'il penfe encore à moi. Ce qui m'affecte le plus , continuoit-elle, c'eft que je m'i-magine qu'il m'aime & qu'il fouffre toujours ; & c'eft là, je crois, ce qui fomente en moi, ce feu qui me dévore. Je me dis quelquefois que je fuis dupe d'un homme, qui m'a fans doute oubliée. Mais cette penféela, qui feroit peut-être ma guérifon, s'échappe de mon efprit auffi-tôt qu'elle y eft entrée, pour faire place à d'autres qui me tuent ».

S'il ne faut que cela pour vous tranquillifer, lui dit fon frere, bien réfolu de prendre tout fous fon chapeau, je vous promets que je vous fatisferai; je ferai tant, que je déterrerai l'endroit où il eft, & je lui ferai parler de vous, pour fçavoir au jufte, ce qui fe paffe en fon ame, pour ou contre vous. « Tu » me rendras, lui dit-elle, un » grand fervice. Mais, reprit-elle

» elle tout de fuite ; ne me
» tromperas-tu point? Non, ma
» fœur, lui répondit - il effron-
» tément, *vue fon intention*, je
» vous marquerai, avec fincé-
» rité, tout ce que j'en aurai
» appris ».

Quelque tems après fon arrivée à Paris, il jugea à propos,
pour mieux fe faire croire, d'é-
crire à fa fœur, qu'il avoit fait
déjà bien des informations touchant le Chevalier, & qu'il n'a-
voit pû encore rien découvrir, pas même le pays où il
étoit.

A la nouvelle année, il lui
écrivit qu'il avoit trouvé, à
force de recherches, un ami
de confiance, qui lui avoit ap-

pris que le Chevalier étoit Prêtre dans le pays où fon oncle
étoit Evêque ; qu'il avoit même une des premieres places
dans le Chapitre de la Cathé-
drale de ce pays-là : que cet
ami ayant une fœur établie aux
environs de là, il comptoit y
aller paſſer quelques femaines
au printems ; & que ce ne feroit que dans ce tems-là qu'il
pourroit lui en apprendre des
nouvelles fûres. Il traînoit en
longueur pour lui ôter tout
foupçon. Le huit d'Avril il lui
écrivit encore une lettre, où il
lui marquoit fimplement, que
fon ami étoit parti , & qu'il
attendoit fon retour avec impatience, pour lui donner des

marques de ſon affeƈtion. Il s'i-
maginoit que tous ces délais
faiſoient merveille ; & ils ne faiſoient qu'irriter la curioſité, &
entretenir l'amour de ſa ſœur :
elle étoit dans un état affreux
pour la maigreur & la triſteſſe.
Son impatience étoit extrême :
les exhortations de ſon Abbeſſe,
qui pendant un tems, lui avoient
été ſalutaires, ne faiſoient plus
ſur elle le même effet, & ſa
ſanté ſe minoit.

Avant d'envoyer la lettre,
qui devoit, ſelon lui, rendre ſa
ſœur à elle-même, il lui envoya
encore le quinze d'Avril, une
petite lettre, dans laquelle étoit
un billet de ſon ami imaginaire,
qu'il diſoit lui avoir été envoyé

dans une lettre de cet ami à
son pere. Ce billet portoit qu'il
n'avoit point encore parlé au
Chanoine dont il lui demandoit
des nouvelles ; mais qu'il l'a-
voit vu ; que c'étoit un homme
gros & gras, & qui paroissoit
de belle humeur ; qu'il étoit
ami de gens chez qui il devoit
dîner le premier de Mai, parce que c'étoit la fête du Maître du logis; & que pour lui
faire plaisir, on lui avoit promis d'inviter le Chanoine à dîner ; qu'alors, il se mettroit en
état de le satisfaire sur tout. Ce
billet qu'elle croyoit effectivement avoir été envoyé à son
frere, n'étoit pas mal imaginé pour le persuader sur ce

qu'il projettoit de lui écrire.

L'Abbeſſe fit obſerver à Madame de Ville-Jolie, que puiſque le Chanoine étoit ſi gras & ſi enjoué, il ne penſoit plus à elle; ou du moins, s'il y penſoit, que ce n'étoit pas avec un cœur bien affecté. Cela ne prouve rien, ma chere maman, répondit-elle avec rougeur, & en pouſſant un ſoupir; il y a des perſonnes qui ſont graſſes au milieu des plus grands chagrins, parce que telle eſt leur complexion. Mais ſa belle humeur, lui repliqua l'Abbeſſe ? Elle ne répondit à cette queſtion qu'en verſant un torrent de larmes, que l'Abbeſſe laiſſa couler pendant quelques momens; après quoi, elle lui demanda quel étoit son chagrin ; & voyant qu'elle ne lui répondoit rien & qu'elle étoit absorbée : on diroit, ma chere fille, lui dit-elle en l'embrassant, que vous craignez d'être guérie. Dites-moi avec sincérité, ce qui se passe actuellement dans votre ame pour le Chevalier. Je rougis, ma chere maman, répondit-elle, & de mon erreur & de ma foiblesse. Je crois que je ne suis plus aimée ; j'en suis outrée de dépit & de rage. En même-tems elle se remit à pleurer. Elle ne fit que cela pendant deux jours, & ne vécut que de bouillon, parce que son estomac refusoit toute autre nourriture. L'Abbeſſe fort allarmée de ſon état, lui propoſa de prendre un nouveau Directeur, capable de ramener ſon cœur à la raiſon. J'en ai grand beſoin, lui répondit-elle, mais je n'en veux point d'autre que l'Abbé de Saint-Vinebaud ; depuis un mois, je ne penſe qu'à lui, & je crois que ma converſion n'eſt réſervée qu'à un tel homme.

L'Abbé de Saint-Vinebaud n'avoit d'autre emploi dans Troyes, que celui de prêcher & de confeſſer. Il avoit le don de la parole, & il diſoit les choſes avec tant d'onction, que perſonne ne l'entendoit ſans être touché juſqu'aux larmes. Il étoit ſuivi de maniere que quand il devoit prêcher dans quelque Eglife, elle fe trouvoit pleine, jufqu'aux endroits mêmes d'où on ne pouvoit l'entendre. Chacun difoit que fon vifage prêchoit la pénitence autant que fes difcours, & qu'il fuffifoit de le voir, quand on ne pouvoit faire mieux.

Il avoit prêché au Couvent quelques femaines auparavant, & Madame de Ville-Jolie l'avoit vu, & elle avoit été pénétrée & de fon air pénitent, & de fon difcours. Ce fut donc là le Confeffeur qu'elle choifit : « C'eft à lui, difoit-elle à fon » Abbeffe, que je veux découvrir tout le fond de mon ame! » Et

» Et je me sens tant de con-
» fiance en lui, que je m'aban-
» donnerai entièrement à sa dif-
» position. Qu'il me traite avec
» douceur ou avec rigueur ;
» qu'il me console ou m'humi-
» lie, cela m'est égal, pourvu
» qu'il retire mon ame *du bour-*
» *bier où elle est plongée.* Je re-
» doute actuellement, disoit-
» elle, cette lettre de mon fre-
» re, que depuis long-tems, je
» desire avec tant d'ardeur ; le
» désespoir où, peut-être, elle
» me mettra quand je la re-
» cevrai, ne demandera pas
» moins qu'un homme tel que
» l'Abbé de Saint - Vinebaud,
» pour me soutenir dans ma
» douleur ; & je veux lui faire

Tome II.   P

» un détail de tout , jufqu'à
» la plus petite circonflance ,
» afin qu'il connoiffe bien ma
» maladie, & qu'il y apporte le
» remède ».

Dès ce jour même l'Abbeffe
écrivit à l'Abbé de Saint-Vinebaud , qu'une de fes Religieu-
fes vouloit lui donner fa confiance ; qu'elle le prioit de commencer par lui facrifier une
après-midi entiere , le plutôt
qu'il le pourroit , parce que
cette fille avoit bien befoin de
fa charité , & qu'ayant beaucoup de chofes à lui communiquer, elle lui demandoit plufieurs heures de fon tems. L'Abbé répondit fur le champ à l'Abbeffe , que le lendemain fur les

trois heures, il ſe trouveroit à
ſon parloir.

Dès que Madame de Ville-
Jolie eut vu la lettre, elle ſentit
au-dedans d'elle, un combat
ſingulier ; & dans tous ſes mem-
bres, un tremblement étrange.
Elle ne pouvoit démêler, ſi
c'étoit crainte ou eſpérance,
joie ou triſteſſe. Mais il lui tardoit ſi fort que ce moment fût
arrivé, qu'elle éprouvoit, ſans
aucun doute, la plus vive impatience.

Il arriva ce moment. Dès
qu'on eût averti l'Abbeſſe que
l'Abbé de Saint - Vinebaud la
demandoit à ſon parloir, Madame de Ville-Jolie ſe jetta à
ſon cou, en lui diſant : « Allez,

» ma chere maman ; mais ne
» me dérobez pas des momens
» qui me feront peut-être bien
» falutaires & bien précieux.
» Je vole au confeffionnal. Ne
» parlez ni pour, ni contre moi,
» & laiffez-moi tout le foin de
» raconter mon hiftoire, je m'en
» acquitterai, je vous affure,
» avec une grande fincérité ».
Elle baifa encore l'Abbeffe, &
partit.

Quand l'Abbeffe fut au parloir, après les politeffes ordinai-
res, elle dit à l'Abbé, que la
Religieufe qui alloit lui donner fa confiance étoit une Demoifelle de condition, pleine
d'efprit, de mérite, & de candeur ; qu'elle l'aimoit comme

ſa fille ; qu'elle ne ſe mêleroit pas de ſa conſcience , parce qu'elle vouloit lui laiſſer toute liberté, & qu'elle le prioit ſeulement d'avoir pour elle beaucoup de charité & de douceur. Elle eſt déjà partie pour le confeſſionnal, ajouta-t-elle, & je vous prie, Monſieur, de vouloir bien vous y rendre auſſi ; car elle vous deſire ſi fort, qu'elle pétille d'impatience depuis hier. Allons, Madame, dit l'Abbé, puiſque cela eſt ainſi, j'y vais de ce pas. En diſant cela , il partit.

Dès qu'il fut entré au confeſſionnal, Madame de Ville-Jolie le pria de lui permettre de commencer une confeſſion

générale. Il lui dit que si elle en
avoit besoin pour la tranquillité
de sa conscience, elle pouvoit
le faire. Elle commença donc
par les fautes de l'enfance, en
lui disant, qu'elle passeroit ra-
pidement sur tout ce qui avoit
précédé l'âge de dix-sept ans.
En moins d'une demi heure,
elle se trouva à ce moment cri-
tique, où il lui fallut découvrir
les replis les plus cachés de son
cœur. Elle le fit avec aisance;
mais non sans sentir des déchi-
remens qui faisoient couler ses
larmes. Elle avoit tant envie
de guérir, qu'elle avouoit à
l'Abbé, que ses pleurs étoient
autant excitées par l'amour que
par le repentir. Il lui fit mille

queftions, auxquelles elle répondit avec ingénuité. Elle lui
dit même, qu'un jour fon
Amant paroiffoit difpofé à lui
faire violence, & qu'elle avoit
regretté plufieurs fois de s'être
dérobée à fa paffion, parce que
ç'auroit été le moyen de les
unir malgré tous les obftacles.
Quels étoient ces obftacles, lui
demanda-t-il ? L'oppofition de
fes pere & mere, dit-elle, qui
vouloient lui faire époufer une
Demoifelle pour qui ils l'a-
voient promis par des arran-
gemens de famille. Etes-vous
de Troies, Madame, lui demanda-t-il avec vivacité ? Non,
Monfieur, répondit-elle, je fuis
de Paris. Ah ! Madame, s'é-

cria-t-il , vous êtes Mademoifelle de Ville-Jolie! Ce fon de
voix la frappa pour la premiere
fois. Eh! mais, Monfieur, lui dit-
elle avec trouble , feriez-vous
le Chevalier de Berniere? Oui,
Mademoifelle, lui dit-il en verfant un torrent de larmes; je fuis
ce malheureux que vous avez
profcrit, abandonné, défefpé-
ré! Depuis cinq ans, je ne ceffe
de vous pleurer, de vous re-
gretter, de vous adorer! Mon
cœur eft un autel, où je vous
facrifie mille fois le jour! Ce
vifage qui en impofe à chacun,
n'eft défiguré que par un amour
violent & irrité par le défefpoir!... Ah! Monfieur, que me
dites vous là, dit-elle, en l'in-

terrompant ; votre amour me
charme, me ravit ; mais il ne
va pas me guérir. Faudra-t-il
donc que j'aime toute ma vie ?
Vos larmes coulent, les mien-
nes auſſi ; mais je ſens que ce
ſont des larmes de joie. . . .
Ah ! Madame, dit-il, que je
les voie, ces larmes. Levez ce
voile, je vous prie, que je voie
ce viſage, qu'autrefois j'ai vu
avec tant de plaiſir. Nous ſommes ſeuls. (De part & d'autre,
l'Egliſe étoit fermée.) Oui,
Monſieur, dit-elle en le levant,
je veux auſſi vous conſidérer,
vous admirer, & vous montrer
en même-tems par mes traits
défigurés, que je ne vous céde
pas en amour. Ils furent un de-

mi-quart d'heure à se contempler en silence; leurs regards en disoient assez. . . . . Ils avoient passés leurs doigts à travers la grille, & ils se les serroient réciproquement. O foiblesse humaine! quel triomphe pour toi de maîtriser ainsi les forts!

Ce fut l'Abbé, qui le premier rompit le silence. Qu'il m'est douloureux, Madame, dit-il, de vous voir dans la posture où vous êtes! Que ne puis-je me jetter à vos pieds, les baiser!... Ne vous en occupez pas, Monsieur, lui dit-elle; je suis dans la posture où il faut que je sois pour la place. Et le regardant affectueusement : Comment, reprit-elle, ne m'est-il pas venu à l'eſprit, que vous pouviez être l'objet chéri de mon cœur, étant neveu de l'Evêque, logeant & vivant avec lui ? Comment ne vous ai-je pas reconnu lorſque vous prêchâtes au Couvent ? . . . Ah ! il n'y a rien d'étonnant, pourſuivit-elle ; ce viſage pâle & maigre, eſt un voile pour vos traits. Ce changement de coëffure, d'habits, de nom même, tout cela aide à vous cacher : d'ailleurs, nous mêmes, nous ne voyons qu'imparfaitement les objets ſous ce voile lugubre, qui nous dérobe auſſi à nos amis les plus chers. L'Abbé répondit à toutes ces queſtions par une égale ſurpriſe : il lui dit enſuite, qu'il renonçoit

au foin de fa confcience, pour
ne s'occuper que de fon amour,
& après mille témoignages de
tendreffe de part & d'autre,
Madame de Ville-Jolie parla
des lettres de fon frere, & du
billet qu'elle en avoit reçu depuis trois jours. Elle lui fit un
précis du contenu des lettres,
& comme elle avoit fur elle le
billet, elle le roula & le paffa
au travers de la grille, en le
priant de le lire. Après l'avoir
lu, l'Abbé le repaffa, en lui difant, que felon toutes les ap-
parences, fon frere cherchoit à
l'abufer; que tout ce qu'il lui
marquoit étoit faux, puifque
lui-même étoit à Troies long-
tems avant que fon frere y mît

le pied ; mais qu'il ne falloit
pas lui en vouloir, parce que
ſon motif étoit bon, & ne tendoit qu'à vouloir la rendre à
elle-même. Il eſt vrai, ajouta-
t-il, que c'eſt à mes dépens,
puiſqu'il me fait paſſer pour un
inconſtant, un. . . . Ah ! Monſieur, dit Madame de Ville-
Jolie, en l'interrompant, ne
nous flattons pas ; il nous ſeroit plus glorieux d'avoir ſçu
vaincre notre amour, que de
l'avoir conſervé ; & plus il a de
force, plus nous ſommes foibles. Je rougis de mon état ;
mais je le chéris. Je ſuis pire
qu'un frénétique qui rit au
milieu de ſes maux ; il ne les
connoît pas : pour moi, je les

connois mes maux, & je les aime. De vous avoir retrouvée, de vous voir, de vous entendre dire que vous m'aimez, & de vous répondre que je vous aime, eſt pour moi un plaiſir auſſi grand qu'il étoit ineſpéré. Mais je ne ſçais pas ſi c'eſt un bonheur. C'en ſera un, Madame, ſi vous le voulez, lui dit-il avec feu ; les lettres mêmes de Monſieur votre frere, nous feront favorables ; elles tromperont votre Abbeſſe ; elles lui diront que je ſuis en embonpoint, & jamais il ne lui viendra dans l'idée que je ſuis le Chevalier de Berniere. La premiere lettre que vous recevrez achevera de l'abuſer ; & ſa crédulité

affurera notre bonheur. Nous
nous verrons très-fouvent, vous
en continuant ici votre rôle,
moi .en imaginant toujours
quelque nouveau prétexte pour
vous voir au parloir : car je veux
vous y voir, Madame, ajouta-
t-il; je ne vous vois ici qu'à demi. Madame de Ville-Jolie qui
étoit la candeur même, ne put
goûter les raifons de l'Abbé. Je
ne pourrai jamais, lui difoit-
elle, cacher à mon Abbeffe, la
joie qui me pénétre l'ame, fans
lui en communiquer le fujet :
elle a pour moi un cœur de
mere, qui fe prêtera à tous nos
defirs. Elle lui fit alors un détail de toutes fes bontés pour
elle, & un précis de l'hiftoire

même de l'Abbeſſe, pour le perſuader. Mais il lui repréſenta, avec force, que ce ſeroit ruiner leur entrepriſe, & détruire tout-à-fait leur félicité, que de dire à l'Abbeſſe la moindre choſe qui eût rapport à lui. Il faut lui ôter tout ſoupçon, lui diſoit-il ; elle auroit des condeſcendances que le ſcrupule viendroit bientôt détruire : d'ailleurs, ajouta-t-il, croyez-vous qu'elle nous laiſſât ſeuls pluſieurs heures, à nous dire en liberté, tout ce que nous voudrions? Elle voudroit être préſente à tous nos entretiens, & comme notre amour eſt tout différent du ſien, elle ſe croiroit obligée en conſcience, de nous

nous féparer, quand elle feroit perfuadée qu'il eft de nature à durer toute notre vie. Peut-être , hélas ! dit-il les yeux pleins de larmes, en viendroit-elle à vous mettre en pénitence & à vous haïr autant qu'elle vous auroit aimée. Depuis que je fuis Prêtre, j'ai confeffé dans bien des Couvens. Que de hauts & bas j'ai vu tout-à-la-fois ! Que de haines ! Que de jaloufies ! Ah! Madame , fi j'avois fçu ce que c'étoit que des Monaftères , je me ferois bien donné de garde de vous demander de vous faire Religieufe ! . . . . Enfin, il la perfuada fi bien, qu'elle lui promit de garder un fecret in-violable vis-à-vis de fon Abbeſſe. En même-tems, ils entendirent ſonner la cloche du ſouper. Il demanda ce que c'étoit. Elle lui dit avec une ſurpriſe extrême, que c'étoit le ſouper. Mon Dieu! diſoit-elle, eſt-il poſſible qu'il ſoit déjà cinq heures? Il me ſemble qu'il n'y ait qu'un moment que nous ſoyons enſemble, & il y a plus de deux heures. Eſt-ce que nous allons déjà nous ſéparer, Madame! dit l'Abbé en ſoupirant? Non, Monſieur, lui répondit-elle; nous pouvons reſter encore une heure, parce que je ne ſoupe qu'à ſix heures avec l'Abbeſſe. Cela étant, dit il, employons-la donc bien cette heure ſi précieuſe.

Ils l'employèrent à prendre des mesures pour se voir souvent au confessionnal, sous divers prétextes, parce que ce n'étoit que là qu'ils pouvoient se dire librement qu'ils s'aimoient & qu'ils s'aimeroient toujours, & le plus qu'il leur feroit possible, au parloir. Là, disoit l'Abbé, je vous contemplerai à mon aise ; je vous verrai mieux qu'au travers de cette petite grille. Demain, je viendrai de bonne heure, faire une visite à votre Abbesse ; & je tâcherai ensuite, d'avoir un entretien long & particulier avec vous. Ah ! si vous me permettez de vous demander en même-tems qu'elle, ce feroit

pour moi, un plaifir anticipé
fur celui que je me promets
d'obtenir. Elle lui dit qu'il n'é-
toit pas befoin qu'il la deman-
dât; qu'étant accoutumée à faire
fes volontés, elle s'y rendroit
d'elle-même avec l'Abbeffe.

A fix heures, ils fe féparè-
rent avec une grande violence. L'Abbé s'en fut chez lui,
Madame de Ville-Jolie chez
fon Abbeffe, qui, lorfqu'elle entra, lui dit avec bonté : « Eh
» bien! ma chere fille, êtes-
» vous contente? » Je nage
dans la joie, ma chere maman,
lui dit-elle avec tranfport, &
en fe jettant à fon cou. Il m'eft
impoffible de vous exprimer
jufqu'où va mon contentement.

Je n'en suis pas étonnée, lui dit l'Abbesse, avec un air de jubilation ; l'Abbé de Saint-Vinebaud est un homme incomparable & toŭt divin. Oui, repliqua Madame de Ville-Jolie ; c'est un homme tel qu'il me le faut. Quand je suis avec lui, je ne pense plus au Chevalier ; il sort de ma mémoire, de manière que je ne m'occupe plus que de l'Abbé & de ce qu'il me dit : il me charme, me pénétre, me rend toute ma joie : en un mot, depuis que je suis à Troyes, je ne vis, je n'existe que depuis trois heures.

Le lendemain, après dîner, l'Abbé fut à l'Abbaye & demanda l'Abbesse. Elle étoit prévenue par Madame de Ville-Jolie, qu'il lui feroit ce jour-là une visite particulière. Dès qu'il fut annoncé, l'Abbesse se leva, & Madame de Ville-Jolie la suivit. Elle étoit un enfant gâté, qui n'avoit qu'à desirer une chose pour l'obtenir. Elle dit à son Abbesse qu'elle vouloit être de sa conversation avec l'Abbé, & elle en fut.

Vous avez fait miracle, Monsieur, dit l'Abbesse à l'Abbé, en entrant au parloir. Vous seuls avez sçu rendre à ma chere fille, la joie & le repos du cœur. L'Abbé lui répondit qu'il se trouvoit heureux de pouvoir être utile à une personne qu'elle aimoit, & qu'il étoit disposé à lui facrifier tous les momens qu'elle exigeroit de lui. L'Abbeffe enchantée de cette difpofition, lui dit avec tranfport, qu'elle lui avoit une obligation infinie de la charité qu'il témoignoit pour fa chere fille; & qu'elle accepteroit toujours avec reconnoiffance les foins qu'il voudroit bien prendre d'elle.

La converfation fut générale pendant une demi-heure : après quoi, l'Abbé, qui defiroit être feul avec fon Amante, fit rétomber adroitement les entretiens fur elle. Il dit qu'elle avoit befoin de beaucoup d'indulgence, & qu'elle pouvoit difpofer de lui depuis fon dîner

jusqu'au soir. J'ai dit que dorénavant, dit-il, je ne serois libre
que les matins. « Ah ! Monsieur,
je vous reconnois encore - là,
s'écria l'Abbesse ! Une brebis
égarée excite autant votre solli-
citude que tout le troupeau.
Puisqu'il n'y a que vous qui
puissiez redonner à ma chere
fille, ce repos qui lui est si nécessaire, je vous en remets tout
le soin. Vous viendrez à l'heure
que vous voudrez. Vous la de-
manderez ; je vous l'enverrai,
& vous la garderez tout le tems
que vous croirez utile. Je ne
m'en occuperai plus. Une fille
ne peut être mieux que dans
les mains de son pere. Un malade dans celles de son Méde-
cin.

cin. Dès ce moment , Monsieur, je vous la laisse. Si vous jugez à propos de la garder passé six heures , je l'attendrai pour souper tant qu'il faudra ». Madame de Ville-Jolie témoigna à son Abbesse sa reconnoissance par un baiser , & elle la reconduisit jusqu'à la porte. En rejoignant son Abbé , ils se regardèrent avec surprise , & se félicitèrent sur leur bonheur.

Ils passèrent le tems à se répéter ce qu'ils s'étoient dit la veille ; à se communiquer leurs réflexions ; à se dire qu'ils s'aimeroient toujours , & à se promettre de se voir tous les jours quelques momens au parloir , & quelquefois au confessionnal.

Il y avoit quinze jours qu'ils se voyoient sans contrainte, & toujours avec un nouveau plaisir, quand enfin, Madame de Ville-Jolie reçut la lettre de son frere, qui portoit que son ami avoit vu l'Abbé de Berniere, & qu'il lui avoit parlé; que c'étoit un homme charmant en compagnie, & si gai qu'il étoit le premier à exciter tout le monde à rire & à s'amuser; que chacun se faisoit un plaisir & un honneur de l'avoir, tant parce qu'il appartenoit à l'Evêque, que parce qu'il étoit lui-même aimable; qu'il menoit dans ce pays-là une vie délicieuse, & qu'il y paroissoit bien sur son visage; que son ami lui avoit

parlé de Mademoiselle de Ville-
Jolie ; & qu'il lui avoit répondu
que c'étoit une Demoiselle très-
aimable , qu'il avoit aimée autrefois , & qu'il auroit épousée
sans ses pere & mere ; & qu'au
surplus , il n'avoit pas perdu
d'embrasser l'état qu'il avoit
pris , parce qu'il y trouvoit plus
d'agrément qu'il n'en trouveroit sans doute dans le mariage. Qu'ensuite il avoit demandé ce qu'étoit devenue Mademoiselle de Ville-Jolie ; qu'il
lui avoit répondu qu'elle étoit
Religieuse à Troyes; qu'à cela , il avoit repliqué : *Tant pis ;*
elle auroit mieux fait de prendre
un bon mari , cela lui auroit mieux
été qu'une guimpe. Après cela ,
R ij

le frere ajoûtoit « A tout ceci,
» ma chere sœur, je n'ai rien à
» vous dire, sinon que vous de-
» vez voir actuellement si vos
» regrets sont bien fondés, & si
» votre Abbé mérite votre sou-
» venir ».

C'étoit l'Abbesse qui faisoit à
sa chere fille, la lecture de cette lettre ; & de tems en tems,
elle la regardoit pour observer
ses mouvemens & voir l'effet
que faisoit sur elle une lettre
de cette nature. Il est aisé de
penser que ce n'étoit qu'une
comédie pour Madame de Ville-Jolie. Aussi quand elle fut
lue, elle se mit à rire, en regardant son Abbesse, & en lui
disant, que si elle n'avoit pas

vu l'Abbé de Saint-Vinebaud,
cette lettre la jetteroit dans le
plus grand déſeſpoir ; mais que
lui ayant parlé de cette lettre
qu'elle attendoit, il l'avoit diſpoſée à la recevoir telle qu'elle
étoit, & avec la tranquillité
qu'elle lui voyoit. L'Abbeſſe
tranſportée de joie, ſe jetta à
ſon cou, en lui diſant, qu'elle
ne s'attendoit pas à voir une
lettre auſſi accablante, & que
cependant, elle la redoutoit
tant, que depuis le billet qui l'a-
voit précédée, elle n'avoit ceſ-
ſé de prier Dieu pour elle, qu'il
lui donnât la force de ſupporter un pareil aſſaut. Voilà donc
qui eſt fait, ma chere fille,
ajouta-t-elle, vous oubliez vo-

tre Chevalier? Madame de Ville-Jolie lui dit qu'elle n'y penfoit plus, & que probablement
elle n'y penferoit jamais. Hélas!
dit l'Abbeffe, fi par malheur
nous allions perdre l'Abbé de
Saint-Vinebaud, je craindrois
bien que votre amour ne revint
à la charge. « Oh ! j'en réponds,
dit la Religieufe; fi on m'ôte
l'Abbé de Saint-Vinebaud, n'im-
porte de quelle maniere, je re-
deviens miférable : ce n'eft que
lui qui me foutient dans ce cal-
me fi doux, & que je goute d'autant plus, qu'il y avoit bien du
tems qu'il m'avoit abandonné.
Mais j'efpère qu'un tel malheur
ne m'arrivera pas ; l'Abbé eft
neveu de l'Evêque & fans ambi-

tion. Il m'a dit qu'il refuseroit un Evêché, ou toute autre place, qui l'obligeroit de quitter Troyes qu'il aime, & où il se plaira toujours plutôt qu'ailleurs. Ainsi, il ne pourroit donc y avoir que vous, ma chere maman, qui pût troubler ma félicité. Eh ! ma chere amie, lui dit l'Abbesse, à quoi pensez-vous ? Est-ce que vous doutez du plaisir que je goute à vous voir heureuse ? Pouvez-vous penser, sans la plus grande injustice, que je sois capable de vous causer le moindre souci ?... » En disant cela, les larmes lui vinrent dans les yeux, & Madame de Ville-Jolie s'en appercevant, se jetta

à son cou, en l'assurant qu'elle
ne doutoit point de ses bontés;
qu'elle en ressentoit tous les
jours les effets, mais que ce qui
l'inquiétoit, c'étoit la crainte
qu'il ne lui prît quelque scrupu-
le de la laisser tous les jours plusieurs heures avec l'Abbé, sur-
tout, ajouta-t-elle, depuis que
vous sçavez que ma confession
générale est finie. (Deux jours
avant, l'Abbesse lui avoit demandé si elle étoit faite, & elle
lui avoit répondu que depuis
quelques jours, il n'en étoit plus
question.) Eh! quel mal peut-
il y avoir à cela, lui dit l'Abbesse? Vous êtes séparés, & la
reputation de l'Abbé de Saint-
Vincebaut vous met à l'abri de

toute cenfure ; & je répons,
moi, qu'il n'y a pas plus à craindre de lui pour la conduite que
pour le fcandale. Ainfi, ma
chere fille, tranquillifez-vous.
Si vous n'êtes jamais troublée
que par moi, affurez-vou sque
votre vie ne fera qu'une félicité continuelle. Madame de Ville-Jolie fe trouva fi fatisfaite
de fon Abbeffe, qu'elle fut fur
le point de lui découvrir fon
fecret, la crainte feule de dé-
plaire à fon Abbé la retint. Il
lui tardoit que le moment de
le voir fût arrivé pour lui communiquer & cette converfation
& la lettre de fon frere.

Ce moment arriva. Ils s'amu-
fèrent beaucoup de la lettre,

fe félicitèrent des fentimens de l'Abbeffe, fe promirent de la laiffer toujours dans fon erreur, & fe divertirent beaucoup du tour que le frere croyoit avoir joué à la fœur. Ils fe firent à ce fujet, mille proteftations tendres, & paffant même leurs doigts à travers la grille, ils fe les ferroient réciproquement, imprimoient deffus des baifers tout de feu, & les reportoient à leur bouche. O amour! maudit amour, que tu es dangereux! que tu es traître! Qu'il eft téméraire de te donner entrée dans un cœur! Madame de Ville-Jolie, qui étant dans le monde, étoit extrêmement réfervée & circonfpecte, ne rougit plus de se donner des licences, & son amant, qui lui-même est consacré à Dieu, est le premier à lever ses scrupules, & à lui insinuer qu'elle ne fait point de mal.

Ce jeu lui devint familier ; elle étouffa ses remords pendant quelques semaines. Mais une personne qui s'est toujours respectée, & qui se fait gloire de pratiquer la vertu, ne cede pas long-tems à sa foiblesse : un heureux hazard, un moment fortuné naît du danger même; elle ouvre les yeux au bord du précipice, fuit, & demeure victorieuse. C'est ce qui arriva à Madame de Ville-Jolie.

Un jour, vers la fin de Juillet,

qu elle étoit au confeſſionnal,
& que par la condeſcendance
de l'Abbeſſe, il y avoit des ordres, pour que perſonne ne la
troublât; l'Abbé, avec ſes doigts
& à l'aide de ſon couteau,
caſſa un barreau de la grille.
Elle lui en demanda la raiſon.
Il dit que c'étoit pour la mieux
voir. Elle ne fit qu'en rire. Cela enhardit l'Abbé à en caſſer
un ſecond, puis un troiſiéme.
Eh mais! que dira-t-on quand
on verra cela, reprit-elle encore? *Qu'on en diſe ce qu'on
voudra*, dit l Abbé, *pourvu que
nous y trouvions notre plaiſir.
Mais*, ajouta-t-il, *profitons-en,
Madame, aujourd hui : nous pouvons nous baiſer à notre aiſe, col-*

lons nos bouches l'une sur l'autre,
ce trou est assez grand, & il nous
y convie. Elle se refusa quelque
tems; & s'y sentant autant ex-
citée que lui, après quelques
momens de balancemens, elle
s'y jetta, & ils se baisèrent pendant plusieurs minutes sans pouvoir se quitter. A la fin, Madame de Ville-Jolie se sentit
saisie d'un remord si violent,
qu'elle retira sa bouche, en disant : *Ah! Monsieur! que faisons-*
nous? Vous êtes un serpent qui me
trompez! Je sens à mon émotion,
que ces baisers sont criminels! Sé-
parons-nous; mais separons-nous
pour toujours! . . . Ah! Mada-
me, s'écria l'Abbé, *je suis perdu.*
Quoi! vous me fuyez! Attendez,

je vous prie, que je vous parle.
Non, Monsieur, lui dit-elle, en
précipitant ses pas, *je ne veux*
plus vous écouter. Adieu, pour tou-
jours ! Ah! Madame! Madame!
s'écrioit l'Abbé, en fondant en
larmes! . . . Et en disant cela, il ne la voyoit déjà plus.

Il s'en fut chez lui le désespoir dans l'ame. Son oncle, qui
étoit à une croisée, le vit rentrer. Comme il se disposoit à
sortir pour aller prendre l'air, &
que son carrosse étoit prêt, il
lui fit signe d'aller auprès de lui;
mais l'Abbé étoit si absorbé,
qu'il regardoit l'Evêque & ne le
voyoit pas. Il monta à son appartement & se mit au lit pour
cacher ses pleurs, & soupirer

à ſon aiſe. Quelques momens après, ſon oncle lui envoya demander d'aller promener avec lui. On vint lui dire pour toute réponſe , *que Monſieur l'Abbé étoit couché* , & qu'il n'avoit voulu rien répondre, ſinon , qu'on le laiſſât tranquille. L'Evêque monta chez lui , lui fit mille queſtions, mille careſſes, auxquelles il ne répondit rien; mais il ſe mit à pleurer & à ſoupirer, la tête dans ſon lit. Pendant que l'Evêque étoit là, fort embarraſſé & fort allarmé, il reçut un billet de Madame de Ville-Jolie, qui le prioit de ſe donner la peine d'aller au Couvent à l'heure même, s'il le pouvoit, ou le lendemain dès le matin.

Ce billet n'étoit figné que de fon nom de Profeffe.

L'Evêque fçavoit que fon neveu confeffoit une Religieufe à Notre-Dame; mais il ne fçavoit rien de plus. Dès qu'il eut vu le billet, il fe flatta qu'il pourroit apprendre là le fujet du chagrin de fon neveu. Il le quitta dans le moment & monta en carroffe.

Pour Madame de Ville-Jolie, elle étoit chez fon Abbeffe très-agitée; & l'Abbeffe étoit fort intriguée de fa courte féance avec l'Abbé, de l'agitation où elle la voyoit, & du billet envoyé à l'Evêque. Elle lui fit quelques queftions auxquelles elle répondit qu'elle avoit tant

de

de choses à lui dire, qu'elle ne devoit pas commencer qu'elle n'eût parlé à l'Evêque qu'elle attendoit. En effet, il arriva qu'elle parloit encore. Il n'étoit pas cinq heures. Elles furent toutes deux le recevoir au parloir.

Après les premieres politesses, Madame de Ville-Jolie le pria de se rendre tout de suite au confessionnal, parce qu'elle avoit beaucoup de choses à lui dire, & que ce n'étoit que là qu'elle vouloit lui parler. Ils s'y rendirent chacun de leur côté.

En y entrant, le premier soin de Madame de Ville-Jolie fut de faire remarquer à l'Evêque

Tome II. S

la caſſure de la grille; enſuite
elle lui dit que c'étoit ſon neveu
qu'il l'avoit caſſée cette après-
midi ; qu'ils s'étoient donné
par-là des baiſers laſcifs , &
qu'elle étoit Mademoiſelle de
Ville-Jolie « Ah ! Madame !
» s'écria l'Evêque , quel nom
» venez - vous de prononcer !
» que ce début m'apprend dé-
» jà de choſes! Que mon ne-
»° veu eſt à plaindre! . . . Il
» vient de rentrer, Madame,
» depuis une heure. J'ai monté
» chez lui pour l'inviter à ve-
» nir prendre l'air avec moi, &
» je l'ai trouvé au lit, ſoupirant
» & fondant en larmes : ſon état
» m'a fait pitié ! Je lui ai fait
» mille queſtions auxquelles il

» n'a répondu que par des gé-
» missemens. Je ne pouvois de-
» viner le sujet de sa douleur ;
» mais actuellement, Madame,
» j'en vois trop bien la cause !..»
Ne me parlez pas de lui, Monseigneur, lui dit Madame de
Ville-Jolie, je l'aime trop pour
entendre parler de lui sans trouble.

Elle lui fit alors un précis de
tout ce qui s'étoit passé les deux
années de son noviciat. Le désespoir où l'a mit la prononciation de ses vœux. Tout ce que
son Abbesse avoit fait pour la
rendre à elle-même ; ses bontés,
sa douceur, son indulgence,
les visites de ses pere & mere.
Celle de son frere, & ses lettres,

& enfin, la manière dont son neveu & elle s'étoient reconnus. Mais elle lui fit un détail très circonstancié de tout ce qui s'étoit dit, & de tout ce qui s'étoit passé entre elle & l'Abbé depuis trois mois; & elle pria l'Evêque d'en recevoir sa confession, pour lui éviter la nécessité de découvrir à un autre, des choses dont elle rougiroit toute sa vie.

Après avoir tout détaillé, elle dit : « Vous voyez, Monseigneur, que nos amours ne sont rien moins qu'innocentes, & qu'elles ont besoin d'un prompt remède. Je n'en vois pas d'autre que celui de me soustraire à la vue de Monsieur votre neveu, en m'ôtant de ce Couvent chéri ; car, ſi j'y reſte, je ne réponds ni de lui ni de moi ; il fera tout ce qu'il pourra pour me voir, me parler, m'écrire ; & je ſerai toujours diſpoſée à me prêter à tout. Il eſt donc d'une néceſſité indiſpenſable de me transférer dans une autre Abbaye. Cette penſée m'eſfraie¹ cependant, ſi c'eſt là ce qui m'eſt le plus ſalutaire, je m'y ſoumets ».

« Il n'y a pas, Madame, lui dit l'Evêque, d'autre remède que celui que vous avez ſagement imaginé. Vous aurez un grand ſacrifice à faire, quand il vous ſaudra quitter une Abbeſſe qui vous aime tant. Je vous plains ! Mais je vous exhorte à prendre courage, & à vaincre : car il n'y a pas de milieu , il faudra vous quitter & très-promptement. Hélas ! oui, Monseigneur, dit - elle, il me sera bien cruel de m'arracher des bras d'une Abbesse , ou plutôt du sein d'une mere pleine d'affection & de tendresse !...» En disant cela, elle poussa mille sanglots. Un moment après elle dit : Faudra-t-il que son amour pour moi lui cause toujours des amertumes ? Faudra-t-il .... L'Evêque l'interrompit là, pour lui demander si son Abbesse connoissoit son neveu pour le Chevalier de Berniere. Elle lui répondit que non. Tant mieux,

Madame, lui dit-il, pour votre
bien, & celui de bien d'autres;
il faut que ce soit un secret absolument ignoré. De mon Abbesse aussi, lui demanda-t-elle
avec vivacité? Oui, Madame,
lui dit-il avec fermeté, & je
vous en impose la loi, pour l'a-
mour de vous-même. Ah!
Monseigneur, quelle loi m'im-
posez-vous là, lui dit-elle en
versant une abondance de larmes. Quoi! il me faudra cacher
à mon Abbesse, à mon amie,
à ma mere, le sujet qui m'ar-
rache de ses bras? Je la verrai
fondre en larmes, inquiéte,
prendre l'allarme sur mon sort,
& je ne pourrai pas lui donner
la moindre consolation par une

ouverture: Il ne me fera pas permis de confier un fecret à fa prudence » ?

« Non, Madame, lui répéta encore l'Evêque, avec fermeté ; vous vous en repentiriez tôt ou tard. Votre Abbeffe pourra avoir des communications avec celle de qui vous allez dépendre. Un mot lâché au hazard dans une lettre, donne lieu à des queftions auxquelles on ne peut refufer de répondre, ou fi on s'y refufe, on annonce par-là, qu'il y a du myftère. La curiofité s'empare aifément d'une fille, fur-tout d'une Abbeffe. Elle vous queftionneroit à votre tour avec autorité ; vous éblouiroit par votre

vœu

vœu d'obéiſſance ; & enfin, elle vous trouveroit criminelle, ou par le refus, ou par la choſe, & elle vous réduiroit à la pénitence la plus rigoureuſe. Cette idée, Madame, me fait frémir ! Vous m'êtes chere ! Vous l'êtes à mon neveu, lui dit-il, les larmes aux yeux. Vous deviez être l'un à l'autre, ſans la barbarie de ſes pere & mere. Je vous regarde donc comme ma niéce, & je veux contribuer autant que je le pourrai, à vous rendre heureuſe ».

Ces paroles de l'Evêque lui firent impreſſion, & la calmèrent un peu. Elle lui en témoigna ſa reconnoiſſance ; mais en avouant toujours que c'étoit

pour elle un sacrifice bien douloureux , de se taire vis-à-vis
d'une Abbesse à qui elle étoit
tant redevable. Il lui dit là-dessus, qu'il sentoit bien, sur-tout
ce qu'elle venoit de lui dire ,
qu'elle devoit n'avoir avec elle
aucune réserve ; mais que la
conséquence de la chose, devoit l'emporter sur toute autre
considération ; qu'il souffroit
beaucoup lui - même , d'ajou-
ter à ses maux présens; mais
que c'étoit pour lui en éviter
de plus cruels, possibles pour
l'avenir.

Ensuite, il lui dit qu'une chose non moins importante , devoit encore les obliger au silence. « C'est, Madame, lui dit-il,

la charité pour le prochain.
C'eſt la réputation de mon neveu dans l'eſprit de votre Abbeſſe. Ce n'eſt qu'en l'aſſurant
qu'elle ignore qui il eſt, que je
le retiendrai dans Troyes, où il
ne voudroit plus reſter s'il y
étoit connu, & où vous ſçavez
qu'il fait tant de bien par ſes
prédications & par ſes direc-
tions. Perſonne n'eſt plus capable que lui, de conduire les
ames à Dieu. Il ne m'a pas caché l'amour qu'il a pour vous,
Madame. Il m'a avoué bien des
fois, que c'eſt de cet amour
que naît ce feu qui lui fait prêcher l'amour divin avec tant de
force. Il en a ſouvent gémi devant moi; il l'a toujours con-

damné fans pouvoir le vaincre ;
& pour comble de malheur, il
vous a vue : & cet amour, ce feu
qui le dévore n'a fait qu'augmenter. Vous n'ignorez pas,
Madame, ajouta - t - il, qu'il a
prêché ces jours-ci à la Magde-
leine. (C'eſt une forte Paroiſſe
de Troyes , & c'étoit le 21 du
mois, jour de la Fête.) L'au-
ditoire étoit nombreux. J'ai aſ-
fifté à fa prédication : elle étoit
enlevante ; je n'en fuis point
étonné ; il échauffoit avec vous
fon imagination , & perfonne
que lui n'étoit capable de faire
un tel fermon. Il a tiré fon texte,
continuoit l'Evêque, du Can-
tique des Cantiques. *C'eſt la*
bien - aimée qui cherche fon

bien - aimé parmi les montagnes. C'est la joie de ce bienaimé qu'il décrit, après s'être retrouvés. C'est le portrait de cette bien - aimée, qu'il rend avec les couleurs les plus vives. En un mot, c'est son histoire qu'il fait & qu'il applique à l'amour extrême de Dieu pour les hommes. Chacun étoit ravi d'admiration. Après l'Office, j'en recevois par-tout des complimens. On lui en faisoit ; mais je me rappelle, qu'il fuyoit tout le monde ; & le soir en soupant, voulant lui témoigner le contentement où j'étois de son sermon, il me dit avec vivacité : *Ne m'en parlez point, mon oncle. Si l'on sçavoit d'où vient mon onc-*

tion! Si vous le sçaviez vous-même! . . . . Oh! je le sçais, lui
dis-je, continuoit toujours l'E-
vêque. Vous n'en sçavez rien,
mon oncle, reprit-il avec feu.
Et comme je le voyois peiné,
je voulus lui insinuer que la
souffrance où il étoit, & l'usage
qu'il faisoit de sa souffrance,
lui étoit méritoire; mais il me
dit avec un air pénétré, qu'il
ne méritoit pas que je m'oc-
cupasse de lui & qu'il me prioit
de parler d'autre chose. Comme depuis quelque tems je re-
marquois qu'il reprenoit de
l'embonpoint, je lui en parlai.
Il sourit & rougit, en me priant
de laisser là aussi son embonpoint. Actuellement, ajouta l'E-

vêque, tout me revient à l'esprit, & rien ne m'étonne, après ce que je viens d'apprendre. »

Ensuite, il lui renouvella la loi du silence. Et pour lui éviter des questions importunes, de la part de son Abbesse, il lui ordonna une retraite de trois jours. « Je ne pense pas, lui dit-il, être plus de tems dans mon voyage; mais, si j'y suis davantage, vous continuerez vôtre retraite jusqu'à mon retour. Si cependant elle vous est nuisible plus qu'utile, je vous laisse la maîtresse d'en sortir; car si je vous l'ordonne, ce n'est que pour vous mettre à l'abri des importunités de votre Abbesse, & nullement pour

vous contraindre. Demain, dès
le grand matin, continua-t-il,
je pars en poste pour aller en
Cour, parler au Roi. Je lui de-
manderai une lettre de cachet
pour vous transférer dans un
autre Couvent. Que je souffre,
Madame, d'être le Ministre
d'une telle affaire ! Mais l'espoir de vous être utile me sou-
tient dans ma démarche. Je ferai ensorte que vous soyez dans
un lieu sain, commode, qui
puisse être pour toujours incon-
nu à mon neveu, & où vous
puissiez oublier tous vos chagrins & celui qui en est l'au-
teur .. En même-tems neuf heures sonnèrent. « Il est tems de
nous quitter, dit-il alors. Je

vous prie, Madame, de vous
servir de toute votre raison,
pour supporter vos peines. Si
la part que j'y prends pouvoit
en adoucir la rigueur, vous ne
les sentiriez pas. Allons un moment au parloir, ajouta-t-il, &
amenez-y votre Abbesse, que
je lui parle ». Ils s'y rendirent
tous trois.

L'Abbesse, pendant les quatre heures qu'ils avoient été au
confessionnal, étoit sur les épi-
nes. L Evêque ne l'en tira pas,
car son premier soin fut de lui
demander de ne faire aucune
question à Madame de Ville-
Jolie. Il prit même un ton d'autorité dans cette affaire, qu'il
traita vis-à-vis d'elle, comme

érant abfolument une affaire
de confcience. « Je pars demain en pofte, dit-il enfuite.
Mon voyage pourra être de
trois ou quatre jours. Madame
fera en retraite pendant ce
tems-là. Cependant, je la laiffe
maîtreffe d'en fortir quand elle
voudra, même de n'y point
entrer ; mais je défends expref-
fément de la laiffer voir, ni
parler à qui que ce foit, qu'à
vous, Madame, pas même à
la moindre Religieufe. Ah !
Monfeigneur ! s'écria l'Abbeffe,
vous allez réduire ma chère
fille au défefpoir ! . . . Non,
Madame, repliqua l'Evêque ;
Madame a plus de raifon & de
force que vous ne penfez. Eh

bien! Monseigneur, reprit l'Abbesse, permettez-lui seulement de voir Monsieur votre neveu. C'est un consolateur dont elle a bien besoin. Non, Madame, lui répondit-il avec fermeté. Je ne veux pas qu'il ait plus de privilége qu'un autre ; & s'il vient la demander , je prétens qu'il soit refusé malgré les instances qu'il pourroit faire ».

Pendant cette conversation, Madame de Ville-Jolie étouffoit ses pleurs pour ne point chagriner son Abbesse ; & quand l'Evêque fut parti, elles s'en furent souper. L'Abbesse l'avoit attendue.

Pendant le souper, l'Abbesse se mit à pleurer , en disant

qu'elle fentoit, au-dedans d'elle, une triftefie qui lui étoit d'un mauvais préfage. Et à l'inftant Madame de Ville-Jolie, qui en avoit aufli un grand befoin, en fit autant ; & ce fut là le métier qu'elles firent, l'une & l'autre, pendant quatre jours que dura le voyage de l'Evêque.

Pour lui, dès qu'il fut rentré chez lui, il monta chez fon neveu, le trouva dans le même état, lui demanda encore le fujet de fa triftefie, fans pouvoir l'exciter à parler, ordonna qu'on lui fît une *foupe*, & *la lui vit manger* : après quoi il lui dit qu'il alloit lui faire fes adieux, pour trois ou quatre jours ; qu'il alloit faire un petit voyage à Paris, & s'il avoit quelque chose à faire dire à ses pere & mere. « Dites-leur, je vous prie, dit- » il à son oncle, qu'ils sont tou- » jours mes bourreaux, & moi » toujours leur malheureux fils. » Oh! repliqua l'Evêque, viens » avec moi, tu le leur dira toi- » même. Ah! reprit-il en sou- » pirant, j'aimerois mieux voir » mon tombeau que de les » voir »! Enfin, l'oncle fit ses adieux à son neveu, l'embras- sa avec tendresse, lui souhaita le repos du cœur, & le quitta, en donnant ordre à ses domes- tiques d'en avoir grand soin ; & il partit le lendemain à trois heures du matin.

Dès le jour de son départ, Madame de Ville-Jolie, sur le midi, reçut un billet de l'Abbé de Saint-Vinebaud. Il étoit énigmatique, & l'Abbesse ne le comprit pas. Le voici :

« Je n'irai vous voir aujour-
» d'hui, Madame, que sur les
» six heures. C'est bien tard, je
» l'avoue ! Confiez au papier,
« je vous prie, si je dois espé-
» rer d'obtenir mon pardon.
» J'attens mon domestique avec
» votre réponse ».

L'Abbesse s'imagina qu'il n'é-toit question de pardon qu'à cause de l'heure. Et comme Madame de Ville-Jolie fondit en larmes à la vue de ce billet, elle crut encore que ce n'étoit qu'à caufe de la privation de voir l'Abbé, tandis que ce qui la chagrinoit étoit la dure né-ceffité où elle fe trouvoit d'é-crire pour réponfe, des chofes qui alloient défefpérer celui qu'elle refufoit, qu'elle redou-toit, & qu'elle adoroit encore. Cependant , après quelques momens de réfléxion , il lui vint une idée qu'elle exécuta , & qui foulagea un peu fon cœur. Ce fut de laiffer l'Abbé dans l'incertitude de fon fort. Voici fa réponfe .

« Je fuis en retraite, Mon-» fieur, pour quelques jours, & » je ne vois perfonne. Remet-» tez donc, je vous prie, vo-» tre exercice de charité à la

» premiere femaine d'Août ».

Cette reponfe, fans le fatis-
faire, ne le défefpéra pas, &
elle lui fit connoître que l'Abbeffe ignoroit toujours leur in-
telligence & leur aventure. Il fe
détermina donc à attendre.
Mais comme il étoit bourrelé
& chagrin, il fuppofa une indif-
pofition pour refter chez lui à
foup'rer.

Dès le fecond jour, Madame
de Ville-Jolie quitta fa retraite.
Elle s'avifa, en fe jettant au
cou de fon Abbeffe, & en fondant en larmes, de lui témoigner la fouffrance où elle étoit
de garder le filence vis-à-vis
d'elle. S j'avois bien fait, lui
» difoit-elle, je n'aurois vu l'E-
» vêque

» vêque que le lendemain ; &
» dès le soir, j'aurois déposé
» dans votre sein, un secret,
» que j'aurois du vous décou-
» vrir plutôt, & qui me coûte
» tant à garder aujourd'hui ».
Elle ajouta : « Ne m'en vou-
» lez jamais de ce silence, je
» vous prie. Souvenez - vous
» toujours que c'est malgré moi
» que je me tais. Mais, tôt ou
» tard, j'imaginerai un moyen
» de vous faire sçavoir mon se-
» cret ».

Que dites-vous là, ma chere
fille ? lui dit l'Abbesse toute
émue. Vous imaginerez un
moyen de me faire sçavoir votre secret ? Est-ce que vous allez me quitter ? Madame de

Ville-Jolie ne répondit rien ; mais elle redoubla ses pleurs. L'Abbesse jugeant alors qu'il en étoit quelque chose, s'évanouit. Elle resta sans connoissance un quart-d heure ; & elle ne la recouvra que pour embrasser sa chere fille, pleurer & se taire.

Pendant que les choses se passoient ainsi à Troyes, l'Evêque étoit arrivé à la Cour le jour même de son départ. Après le souper du Roi, il en eut audience. Il resta trois heures avec Sa Majesté, à lui raconter l'histoire de Madame de Ville-Jolie avec son neveu. Le Roi en fut touché, & il répéta plusieurs fois, avec admiration : *Qu'il*

eſt beau, qu'il eſt grand pour une
jeune perſonne, de ſe vaincre
ainſi ſoi-même ! L'Evêque avoit
commencé ſon récit du premier moment que Mademoi-
ſelle de Ville-Jolie & le Chevalier s'étoient vus aux Minimes. Le Roi dit à l'Evêque,
que le lendemain matin, il lui
rendroit réponſe ſur ce qu'il lui
demandoit.

Il étoit deux heures du matin, quand l'Evêque ſortit du
cabinet du Roi ; & dès huit, Sa
Majeſté lui fit dire de lui aller
parler. « Votre hiſtoire, lui dit
» le Roi, m'a occupé l'eſprit
» toute la nuit. Je ſuis enchanté
» de votre jeune Religieuſe ;
» & voilà (en lui mettant un

» papier entre les mains) le pré-
» fent que je lui fais ». C'étoit
un brevet de coadjutorerie
pour l Abbaye de * * *. Elle ne
fera pas long-tems , ajouta le
Roi , fans jouir de fon Abbaye,
car l'Abbeffe de * * * eft octo-
genaire & infirme.

L'Evêque , après avoir fait
fes remerciemens au Roi, le
pria de lui faire délivrer une
lettre de cachet , qui ordonne
à Madame de Ville-Jolie de
quitter Troyes fur le champ ; &
en même tems , une permiffion
pour elle d'aller paffer un mois
dans fa famille , avant de fe rendre à fon Abbaye. Il obtint tout
ce qu'il demanda. Et auffi-tôt il
s'en fut triomphant à l'Hôtel du

Comte & de la Comteffe de
Ville-Jolie, apprendre aux pere & mere ce qui étoit arrivé à
leur fille à Troyes, & ce qu'il
venoit de faire pour elle. Ce
fut alors dans la famille une joie
générale. Tout retentiffoit de
ces paroles: *Nous la verrons donc,*
cette chere fille, cette chere fœur, cet-
te chere maîtreffe ? Car jufqu'aux
domeftiques, chacun fe réjouif-
foit de la voir : cependant, fon
frere avoua, en riant, qu'au
milieu de fa joie, il étoit un
peu fot, de ce que fa fœur l'a-
voit joué, tandis que c'étoit lui
qui comptoit la jouer.

Après avoir expofé au Comte & à la Comteffe, ce qu'il
étoit à propos d'obferver dans

l'enlèvement de leur fille ; (car
ce n'étoit pas moins qu'un enlèvement, puifqu'une lettre de
cachet la forçoit de quitter
Troyes fur le champ.) L'Evêque leur parla de la violence
qu'elle feroit obligée de fe faire
pour fe féparer d'une Abbeffe
qui la chériffoit tant, & pour
qui elle avoit un attachement
fincère. Pour adoucir ce moment douloureux, dit-il, il faudroit que Madame la Comteffe
fît, avec moi, le voyage. Ah !
volontiers, dit auffi-tôt la mere, cela me mettra dans le cas
de faire à l'Abbeffe, tous les
remerciemens que je lui dois.

L'Evêque alors demanda à la
Comteffe un grand fecret fur

tout ce qui concernoit fon neveu. Il lui expofa en peu de
mots l'importance de la chofe ;
& la Comteffe lui promit avec
ferment, de le garder , même
vis-à-vis de l'Abbeffe.

Le lendemain matin , dès
quatre heures, l'Evêque & la
Comteffe partirent en chaife
de pofte, après avoir déjeuné
avec toute la famille , hommes
& femmes, qui s'étoient levés
tous dès trois heures , parce
que la joie les avoit empêché
de dormir.

Ce ne fut donc que le qua-
triéme jour, fur les cinq heures
du foir, que l'Evêque arriva à
Troyes. Il defcendit direéte-
ment au Couvent, & il fit con-

duire la chaise tout près de la
porte de clôture, glaces levées
& rideaux fermés. Il en des-
cendit tout seul, afin que personne ne s'apperçût que la Comtesse étoit dedans. Ils étoient
convenus qu'elle ne se montre-
roit qu'à l'ouverture de la porte. L'Evêque donc fut au parloir de l'Abbesse, qui s'y rendit
promptement avec Madame de
Ville-Johe.

Quand elles y furent arri-
vées, les premiers momens se
passèrent en politesses réciproques. Après cela, l'Evêque dit
à l'Abbesse, avec un air mortifié, qu'il étoit bien fâché de
l'affliger, mais qu'elle alloit
perdre sa chere fille. Que me
dites-

dites - vous là, Monſeigneur!
s'écria l'Abbeſſe, les larmes aux
yeux. . . . . Une vérité accablante pour votre cœur, Madame, lui dit - il. Je partage
votre peine, ſans pouvoir l'a-
doucir; car demain matin, dès
quatre heures, je viens par ordre du Roi, vous enlever, Madame. Par ordre du Roi! dit-
elle toute effrayée, & en regardant ſa chere fille, qui n'en
paroiſſoit pas ſurpriſe, & qui
diſoit tranquillement à l'Evêque, qu'elle ne croyoit pas être
dans le cas de faire ſon ſacrifice ſi-tôt; mais qu'elle ſe ſou-
mettoit de bon cœur, parce
qu'elle penſoit que c'étoit le
mieux. Eh! quel eſt donc ce

mieux ? dit elle, en verfant un torrent de larmes : ma fille me quitte ; & elle - même trouve que c'eft le mieux. . . . Ah ! ma chere maman, lui dit Madame de Ville - Jolie, en fe jettant à fon cou, & en pouf-fant mille fanglots. C'eft le mieux pour la chofe ; mais je n'en fuis pas moins malheureu-fe. . . . Pas tant, Madame, lui dit l'Evêque avec amitié. Vous êtes nommée Coadjutri-ce d'une Abbeffe, qui par fon âge & fes infirmités, vous cé-dera bien-tôt fa place. Son Ab-baye eft dans un pays excellent pour l'air & pour les produc-tions ; tout vous promet là, la fanté & les agrémens ; &

pour vous diſtraire du chagrin
que va vous cauſer votre ſépa-
ration d'avec votre Abbeſſe,
le Roi ajoute à votre brevet,
la permiſſion de paſſer un mois
chez vos pere & mere. Au
ſortir des bras de Madame, je
vous conduits dans le ſein de
votre famille, qui ne reſpire
que le moment de vous recevoir, de vous embraſſer, & de
vous féliciter ſur votre nouvelle
dignité. Actuellement, Madame, vous trouvez-vous à plaindre ? Pour moi, continuoit-il,
je ne plains que Madame l'Abbeſſe, qui perd une amie, tendre affectionnée, aimable. . . .
Ah ! Monſeigneur, dit l'Abbeſſe
en eſſuyant ſes pleurs, le bon-

heur de ma fille va faire ma consolation sans diminuer mon malheur. . . . Pour moi, Monseigneur, dit Madame de Ville-Jolie, je sens au-dedans de moi, un contre-balancement de joie & de tristesse, qui me met hors d'état de vous témoigner combien vos bontés m'affectent. Oh! Madame, lui répondit-il, je vous quitte de la reconnoissance, pourvu que vous soyez heureuse ; je travaille pour moi en travaillant pour vous. En même-tems, il lui vint dans l'idée que la Comtesse pouvoit trouver le tems long, & s'inquiéter : c'est pourquoi, il dit à l'Abbesse, qu'il voudroit que cette conversation se continuât dans ſon appartement ; & il la pria pour cela de faire ouvrir la porte de ſon Couvent. D'ailleurs, Madame, dit-il, j'ai à vous remettre les ordres du Roi. L'Abbeſſe auſſi-tôt, l'invita à s'y rendre, en lui diſant qu'on alloit lui ouvrir. Il s'y rendit & donna la main à la Comteſſe pour deſcendre de voiture.

A peine la porte du Couvent fut-elle ouverte, que la fille, qui s'y étoit rendue avec l'Abbeſſe, fit un cri de joie & de ſurpriſe, en voyant ſa mere. Elles ſe firent tant d'amitiés, de careſſes ; elles ſe témoignèrent tant de contentement de ſe voir, que l'Evêque ſe flattoit déjà que Madame de Ville-

Jolie quitteroit Troyes, fans verfer de pleurs. Mais qu'il fe trompoit ! . . . Dès qu'ils furent dans l'appartement de l'Abbeffe, l'Evêque communiqua aux Dames la lettre de cachet. Ah ! Monfeigneur, lui dit l'Abbeffe, après l'avoir lue, cette lettre ordonne de partir fur le champ ; mais en même-tems, elle vous rend maître de prolonger le féjour, & de difpofer du tems à votre gré. Pourquoi donc précipitez-vous ainfi un départ qui me tue ? Me refuferez-vous la grace de m'accorder quelques jours pour me préparer à foutenir une féparation fi cruelle ? Hélas ! Madame, lui répondit l'Evêque, je suis bien fâché de vous refuser ; mais il est d'une nécessité indispensable, que Madame quitte Troyes le plus promptement possible. Ce n'est même que par égard pour vous, que j'attens à demain ; il faudroit que ce fût dès aujourd'hui, dès tout-à-l'heure. Allons, dit l'Abbesse, d'un ton piqué, & le cœur ferré, il faut se soumettre ; mais voilà un départ bien précipité, & un secret bien difficile à pénétrer.

Un moment après, elle s'avisa de demander à l'Evêque, si son neveu sçavoit le départ de Madame de Ville-Jolie. Non, Madame, dit-il, avec un air embarrassé ; il n'a pas besoin de le sçavoir : au surplus, je le lui dirai à mon retour. Mais, Monseigneur, reprit-elle, sçavez-vous que ma chere fille lui a de grandes obligations, & qu'elle ne doit point partir sans lui faire part de ce qui la regarde, & sans lui faire ses adieux ? Je sçais tout, Madame, lui dit l'Evêque, & il n'est pas nécessaire qu'il sçache rien du départ de *Madame*. Mais, Monseigneur, reprit-elle encore, c'est son Confesseur ; il l'estime, il l'aime, & il sera fâché si elle part sans lui parler. S'il l'aime, reprit l'Evêque, il faut lui épargner la douleur que pourroient lui faire les adieux de *Madame*.

Ce mot de douleur, fit verſer à Madame de Ville-Jolie, un torrent de larmes : elle ſe repréſenta tout d'un coup ſon Abbé dans le déſeſpoir, à la nouvelle de ſon départ ; & elle ne fut plus maîtreſſe de ſe contraindre ; elle pouſſoit mille ſanglots : & l'Evêque & la Comteſſe, qui en devinoient le ſujet, ſe mirent auſſi à pleurer.

L'Abbeſſe ne ſçavoit que penſer de l'avanture. Voilà bien des pleurs, diſoit-elle à elle-même. Pourquoi l'Evêque pleure-t-il auſſi ? Qu'il me paroît attendri ! . . . . . Enfin, après quelques momens de réflexion, elle s'écria : *Eh ! quelle idée vient frapper mon eſprit ? Le*

Chevalier de Berniere est neveu d'un Evêque. L'Abbé de Saint-Vinebaud est neveu de Monseigneur. . . . . Chacun gardant le silence, elle s'écria encore : *Ah! voilà le mystère! Je ne suis plus étonnée que l'on m'ôte ma chere fille, ma chere amie. C'est pour la soustraire à la vue de Monsieur l'Abbé, qui surement est le Chevalier de Berniere.* L'Evêque alors poussant un soupir, lui dit qu'elle avoit deviné, que son neveu étoit le Chevalier de Berniere. « C'est lui, » disoit-il, qui est ce pauvre » malheureux, à qui l'on a re- » fusé un objet si digne de faire » son bonheur. C'est lui qui a » aimé, & qui aime toujours ».

L'Abbesse étoit dans un étonnement extrême. Comment disoit-elle, n'ai-je pas deviné cela plutôt? Comment ma chere fille a-t-elle pu m'en faire un myſtère? Puiſque je n'ai plus la langue liée, lui dit Madame de Ville-Jolie, je vous raconterai tout, ma chere maman; & vous ſçaurez par-là, pourquoi je vous en ai fait un ſecret.

L'Evêque dit poliment à l'Abbeſſe, que s'il avoit demandé le ſecret vis-à-vis d'elle, ce n'étoit point défiance, mais précaution; que c'étoit pour pouvoir dire à ſon neveu qu'il n'étoit pas plus connu d'elle que de tout autre, afin que par-

là, il pût le retenir à Troyes,
pour le bien des ames, qu'ainſi,
voyant par elle-même, la conſéquence de la choſe, il étoit
inutile de lui demander de la
diſcrétion, qu'il s'en rapportoit
à elle là-deſſus. Après cela, il
demanda ſi l'Abbé s'étoit pré-
ſenté au parloir pendant ſon
abſence : Madame de Ville-
Jolie lui dit que non ; mais
qu'il lui avoit écrit un billet
le jour même de ſon départ, &
en même-tems, elle le lui montra. Elle avoit tranſcrit ſa réponſe au dos. Quand l'Evêque
eut lû les deux, il lui remit le
papier, en lui diſant que c'étoit
bien. Il ajouta, qu'il jugeoit
que ſon neveu étoit toujours

bien dans le chagrin, & qu'à cause de cela, il alloit s'en aller pour passer la soirée avec lui & le dissiper un peu.

Quand il fut parti, les trois Dames soupèrent, & après souper, Madame de Ville Jolie se jetta au cou de son Abbesse, & la pria de lui pardonner sa défiance, en l'assurant que c'étoit l'Abbé qui l'avoit fait naitre : mais je vais réparer tous mes torts, ma chere maman, par une ouverture de cœur digne de votre affection pour moi, & de toute ma reconnoissance.

Elle leur fit effectivement un détail du tout, même des moindres mouvemens de son cœur. Les larmes inondèrent

le visage de l'Abbesse & de la
Comtesse, quand elle leur parla
de la violence qu'elle se fit pour
fuir l'Abbé. . . . Enfin, rien
ne fut oublié pour prouver à
l'Abbesse jusqu'où alloit sa confiance. Après cela, elle leur dit
qu'elle commençoit à respirer
depuis qu'elle avoit des confi-
dentes si intimes. Il me semble
aussi, leur disoit-elle, qu'actuellement, je quitterai Troyes
d'un meilleur cœur; me voilà
acquittée envers ma chere maman. J'ai pourtant bien du chagrin, reprit-elle, quand je pense
au désespoir que mon départ
causera à mon cher Abbé. En
disant cela, elle étouffoit des
soupirs. L'Abbesse & la Com-

tesse qui s'en apperçurent, lui
dirent que pour mieux surmon-
ter sa douleur, elle devoit
donner un libre cours à ses
larmes. Elle les laissa donc
couler. Enfin, le détail qu'elle
leur fit, fut si circonstancié,
qu'ayant commencé son récit
vers huit heures du soir, elle
ne le finit que vers minuit. Elles
se mirent alors au lit, & elles
y étoient encore à cinq heures du matin, lorsque l'Evêque
arriva.

Dès que Madame de Ville-
Jolie lui eut souhaité le bonjour, elle lui demanda des
nouvelles de l'Abbé. Permet-
tez-moi, Madame, lui dit-il,
de vous dire que vous êtes une

imprudente. Je ne vous en dirai pas. Cette réponse lui fit jetter les hauts cris. Ah ! Monseigneur, lui dit - elle, votre réponse m'en dit assez ! Il est dans le désespoir ! En même-tems l'Evêque se mit aussi à pleurer, en lui disant : « Non, Madame, il n'est pas encore au désespoir ; mais il y sera quand il apprendra ce qui se sera passé. Je vais vous conduire; & je repars demain dès le grand matin, de peur que quelqu'autre que moi, ne lui apprenne une nouvelle qui ne sera que trop funeste à son cœur ».

Cependant, quand ils furent dans la voiture, il leur dit, que

la veille en rentrant chez lui,
il demanda au Valet-de-chambre de l'Abbé, comment alloit
ſon Maître. qu'il lui avoit ré-
pondu, qu'il étoit toujours malade, qu'il n'avoit pas ſorti depuis ſon départ; qu'il paroiſſoit
rêveur & chagrin; qu'il ne man-
geoit point, pas même de la
ſoupe, & qu'il refuſoit encore
très-ſouvent les bouillons qu'on
lui portoit. Qu'après avoir entendu cela, il étoit monté chez
lui, l'avoit trouvé dans ſa
chambre, aſſis dans un fauteuil
les yeux en terre, les mains
jointes, & des larmes qui cou-
loient le long de ſes joues.
Que lui ayant demandé comment il ſe portoit, il lui avoit

répondu , qu'il avoit encore quelques jours à se porter mal, qu'après cela , il se porteroit mieux ; ou encore plus mal. Que là-dessus, il lui avoit fait plusieurs questions pour l'amener à lui découvrir la cause de son chagrin, & qu'il n'avoit pu rien obtenir ; qu'il lui avoit dit seulement, que son chagrin étoit de nature à le mettre au tombeau, & qu'il y seroit dans peu, si la cause de son mal ne cessoit : qu'ensuite, pour passer toute la soirée avec lui, il s'étoit fait apporter à souper auprès de lui ; & qu'il lui avoit aussi fait apporter une soupe , & la lui avoit vu manger. Qu'avant de le quitter, il lui avoit dit qu'il repartoit le lendemain, & qu'il l'exhortoit à prendre aſſez ſur lui pour qu'il le trouvât mieux à ſon retour; mais qu'il lui avoit répondu avec un ton de déſeſpéré : *Si votre voyage, mon oncle, dure ſeulement quatre jours, vous me trouverez, ou mieux, ou mort, ou diſparu.* Qu'il lui avoit demandé, avec effroi, ce qu'il vouloit dire, & pourquoi il vouloit diſparoître, qu'il lui avoit répondu avec un ton plus modéré, que cela vouloit dire ſeulement qu'il prendroit ſon parti ſagement. pour ſe ſouſtraire à ſon chagrin, & pour ne s'occuper que de ſon ſalut; & qu'il lui avoit répondu, lui, en l'embraſſant. & e‑

S

verſant des larmes, que ſon ſalut l'obligeoit au premier de ſes
devoirs, qui étoit de ne point
chagriner un oncle qui l'aimoit,
& qui avoit beſoin de lui ; &
qu'il le prioit de ne rien faire
ſans ſa participation ; que là-
deſſus, l'Abbé ſe mit à fondre
en larmes, ſans vouloir dire
autre choſe, ſinon, qu'il étoit
malheureux ; & que pendant
une heure, il ne fit que pleurer
& ſoupirer qu'enfin, il le fit
mettre au lit, lui fit ſes adieux,
& ſe retira.

Pendant ce récit, Madame
de Ville-Johe fondoit en larmes, & l'Eveque lui dit qu'il
ne le lui avoit fait, que pour lui
faire connoître l'état de ſon

neveu , & lui demander en conſéquence , de lui écrire une lettre aſſez forte , pour lui faire
ſupporter ſa douleur avec courage. Perſonne que vous , Madame, lui dit-il , ne pourra lui
impoſer des loix , & le ramener
à lui-même. Madame de Ville-
Jolie promit que ce ſeroit la
premiere choſe qu'elle feroit à
ſon arrivée , en ajoutant que
ce ſeroit auſſi pour elle une
conſolation de lui écrire encore une fois , pour lui faire ſes
adieux , & le conſoler un peu
du chagrin qu'elle lui cauſoit.

Elle tint parole. Après les
embraſſemens de toute la famille , elle ſe ſéqueſtra pour écrire
ſa lettre. En voici la copie :

« Je n'ai quitté Troyes,
» Monfieur, que parce que je
» vous aime. Je vous aime par
» inclination; mais je dois ai-
» mer Dieu par devoir, par
» reconnoiffance, & par-deffus
» tout. Vous ne lui devez pas
» moins. Et quoique je chériffe
» votre amour, je vous demande
» de me préférer Dieu, & de
» m'oublier. Je fuis actuellement
» dans ma famille. Dans un
» mois, je ferai à plus de foi-
» xante lieues de vous. Je ne
» vous marque point le lieu,
» parce que je ne dois recevoir
» de vous aucun écrit : cepen-
» dant, je vous en demande
» un dernier, pour réponfe à
» celui-ci. Vous êtes homme,

» Monsieur, par conséquent,
» vous avez plus de force que
» moi pour vaincre. C'est donc
» un modèle que je vous de-
» mande pour me soutenir dans
» ma douleur. C'est vous-même
» que je veux voir dans votre
» écrit. Peignez-y votre cœur
» triste, affligé ; que j'y voie
» vos déplaisirs, mais que je
» n'y voie point le désespoir ;
» que j'y voie au contraire, la
» résignation, le courage, &
» la force. N'allarmez pas ma
» sensibilité ; mais apprenez-
» moi à souffrir, à combat-
» tre, à vaincre, & à vous es-
» timer ».

L'Evêque trouva la lettre
bien ; il la prit, fit ses adieux dès

le foir ; & repartit le lendemain de grand matin.

Il arriva à Troyes de bonne heure. Son premier foin fut de monter chez fon neveu , qu'il trouva dans le même état que la furveille. Il jugea à propos de ne lui parler de rien avant fix heures du foir, pour lui laif-fer le tems *de digérer fon dî-ner*.

Sur les fix heures donc , il lui remit la lettre de Madame de Ville-Johe, en lui montrant le deffus, & en lui demandant s'il connoiffoit l'écriture. Il la reconnut, & le feu lui monta au vifage. Il demanda a fon oncle, d'où venoit cette lettre. De plus de trente lieues d'ici,

lui

lui répondit l'Evêque. Eh! de
qui est-elle ? reprit l'Abbé d'une
voix tremblante, & en laissant
couler de grosses larmes. De
Mademoiselle de Ville-Jolie,
lui dit l'Evêque. Ah ! mon oncle, s'écria-t-il, en poussant des
sanglots. Vous sçavez tout, mais
qu'avez-vous fait ? En même-
tems il perdit connoissance.
L'Evêque le fit mettre au lit.
Un moment après qu'il y fut,
la connoissance lui revint, &
il se mit à verser une abondance
de larmes. L'Evêque le laissa
pleurer un quart-d'heure sans
l'interrompre : ensuite voyant
qu'il ne pleuroit plus, & qu'il
soupiroit seulement, en gardant
le silence, il demanda pourquoi

Tome II.   Z

il ne lui parloit pas. Il ne lui répondit rien. Il lui fit plusieurs
queftions. Il ne répondit rien
encore. Enfin, l'Evêque s'appercevant qu'il le regardoit
avec des yeux d'indignation,
prit le parti de lui rendre
compte de fa conduite. Il le
fit, & l'Abbé l'écouta, avec
une grande attention. Quand
il en fut à l'Abbaye donnée à
Madame de Ville-Jolie, l'Abbé s'écria, en levant les yeux
& les mains au ciel : *Ah ! je*
respire, Madame de Ville-Jolie
ne fera donc pas expofée à des
tourmens inventés par le diable des
fcrupules ? Etoit-ce là, lui dit
l'Evêque, tout le fujet de ton
chagrin ? Ce n'étoit point là,

mon oncle , lui dit-il , le fujet de mon chagrin ; mais celui de mon défefpoir. Voici un mal de paffé. Un fecond fubfifte encore, & peut paffer comme le premier. Mais un troifiéme ne me quittera qu'au tombeau. Quel eft ce mal fufceptible de guérifon , lui dit l'Evêque ? C'eft, dit-il en pleurant, le mépris, la haine , l'indigna-tion, l'horreur que Madame de Ville-Jolie a peut-être pour moi. Eh ! dit l'Evêque , lis fa lettre, & tu verras ce qui en eft. Hélas ! dit l'Abbé , j'avois déjà oublié que j'avois une lettre d'elle. Il la prit, la décacheta en tremblant, & la lut avec fa-tisfaction. « Allons , dit-il , quand il l'eut lue, je ne fuis pas fi malheureux. Depuis près de huit jours, je crains fa colere. Que Dieu eft bon de m'avoir confervé fon eftime ! Quel bonheur d'en être toujours aimé ! Quelles actions de graces ne dois-je pas rendre à ce Dieu, qui me préferve des plus grands malheurs! Ah ! il eft tems que je ceffe d'être ingrat ; il faut que je lui céde cet objet chéri de mon cœur ! Il faut que je m'abandonne entièrement à lui. Hélas ! Madame de Ville-Jolie me demande un modèle, & c'eft elle-même qui me donne un exemple de courage & de détachement. . . . . Mais, mon oncle, dit-il, en redou-

blant fes pleurs, je ne pourrai
jamais me détacher d'elle. C'eſt
là ce mal, qui me fuivra juſqu'au tombeau. Depuis qu'elle
m'a montré le fond de fon ame,
je l'aime plus que jamais. Que
de vertus j'y ai vu briller dans
cette ame! Ce que j'ai toujours remarqué en elle, mon
oncle, ajouta - t - il, c'eſt un
grand amour de Dieu, & une
grande crainte de l'offenſer. Sa
conſtance, fa tendreſſe, & fa
crédulité, font les feuls défauts
qu'on peut lui reprocher. Héias!
fi je n'en avois pas abuſé, on
pourroit les mettre au nombre
de fes vertus ».

Ne lui écriras-tu pas ? lui dit
l'Evêque. Elle te demande une

réponfe. Oui, mon oncle, lui dit-il ; demain je lui écrirai que j'ai pris mon parti. Eh ! quel eft-il ce parti ? lui demanda fon oncle. Vous l'apprendrez demain par ma lettre, lui répondit-il ; actuellement je vous demande de me laiffer feul, pour repofer un peu. Depuis huit jours je n'ai pas eu deux heures de fommeil, par la crainte d'avoir encouru la difgrace de celle qui m'eft & qui me fera toujours chere. Son oncle le quitta pour jufqu'au lendemain matin, après lui avoir fait donner un peu de nourriture.

Le lendemain matin, dès fept heures, l'Abbé prévint fon

oncle. Il fut lui souhaiter le
bonjour, en lui portant à lire
la réponse qu'il faisoit à Madame de Ville-Jolie. La voici:

« MADAME,

» Votre cœur noble & géné-
» reux, veux donc bien pardon-
» ner à un misérable, qui vous a
» offensée. Vous l'aimez, & vous
» lui permettez de prétendre
» encore à votre estime. Un
» bien si précieux ne peut être
» trop acheté. C'est donc au
» prix de ma liberté, de mon
» cœur, de tout ce qui m'est
» cher, que je l'achete. Je re-
» nonce à tout, à vous-même;
» en un mot, pour mériter

» cette eſtime, ſans laquelle la
» vie ne me feroit de rien.

»Je pars demain pour la Trap-
» pe. C’eſt là où je vais finir des
» jours malheureux. Du moins,
» Madame, ſi je ne puis entiè-
» rement vous oublier, j’a-
» mortirai dans les larmes de la
» pénitence, ce feu charnel
» qui me dévore, qui vous of-
» fenſe. J’eſpère que Dieu qui
» connoît le fond de mon ame,
» agrééra mon ſacrifice malgré
» les défauts de la victime ».

La réſolution de l’Abbé fut
un coup de foudre pour l’E-
vêque. Quoi! mon cher ami,
lui dit-il, tu vas abandonner un
oncle qui t’aime & te chérit
plus que lui-même ? Oui, mon
oncle ,

oncle ; répondit l'Abbé avec fermeté, je quitte tout pour Dieu ; je n'ai plus besoin que de pénitence : n'allarmez pas ma tendresse, je vous prie, sinon je pars tout à l'heure.

Malgré cette menace, l'Evêque employa tout ce qui étoit capable d'émouvoir un cœur sensible. Mais ni les pleurs de l'oncle, ni les prières de plusieurs amis que l'Evêque avoit fait avertir, ni les lettres touchantes de plusieurs de ses pénitentes, ne purent ébranler tant-soi-peu sa résolution. Dès ce jour-là, tout Troyes sçut la perte qu'il alloit faire, & le lendemain, dès trois heures du matin, trois mille ames étoient à la porte de l'Evêché, pour tâcher de le retenir par les prieres & par les larmes ; mais il ſçut tout vaincre. Il partit au milieu de la foule, qui le ſuivit juſqu'à plus de deux lieues, en pleurant. A la fin, il leur fit un diſcours pathétique, qui les obligea de le quitter. Du nombre de ceux qui l'avoient conduit ſi loin, étoient des notables de Troyes, & pluſieurs de ſes amis intimes.

Auſſi-tòt ſon départ l'Evêque repartit pour Paris. Ce fut avec Madame de Ville-Jolie & ſa famille qu'il voulût ſe conſoler de la perte qu'il venoit de faire. Il fut le porteur de la lettre de ſon neveu. Que ſon

Amante verfa de pleurs & pouffa de fanglots en la lifant!

Le pauvre Abbé de Saint-
Vinebaud ne paffa que trois
ans à la Trappe ; fon chagrin
& fes auftérités le mirent enfin
au tombeau. Il mit dans fon
teftament, qu'il prioit fon oncle de faire fçavoir fa mort à
Madame de Ville-Jolie, & de
le recommander à fes prières.
Sans cette claufe on lui auroit
abfolument caché fa mort. On
la lui apprit. Ce fut l'Evêque
de Troyes lui-même, & la
Comteffe fa mere, qui firent
le voyage exprès pour la lui
apprendre & la confoler. Mais
elle apprit cette mort en Hé-
roine, & fe confola en Chré-

tienne. Il lui échappa seulement de dire, en pouffant un foupir: *Hélas! s'il ne m'avoit pas aimée, il vivroit encore.*

Fin du fecond & dernier Tome.

Lightning Source UK Ltd.
Milton Keynes UK
UKHW011409181218
334208UK00005B/246/P